아무도 몰랐던 독립운동 이야기

아무도 몰랐던 독립운동 이야기

왕의 남자에서
친일파의 딸까지,
뜨거운 항일을 인정받지 못한
29인의 기록

김종성 지음

유시태

최근우

송수만

김학철

김명동

임도현

김개남

이태형

이관술

이화림

권승렬

강석호

허성숙

최덕지

고영근

북피움

항일독립의 빛나는 이름들,
이제는 알아야 한다

윤석열 정권은 경제, 외교, 과학기술 등 온갖 분야에서 대한민국이 수십 년 동안 피땀흘려 일궈놓은 것들을 파괴하고 퇴행시켰다. 역사 분야도 만만치 않게 사람들을 분노케했던 분야다. 그들은 진보 성향의 독립운동가들을 격하시키는 데 열과 성을 다했다. 홍범도 흉상을 육사에서 끌어내려 했고, 건국훈장 대한민국장(1등급)이 추서된 몽양 여운형의 훈격을 재조정하려 했고, 김원봉과 정율성 등을 폄하했다.

윤 정권이 독립운동가들을 폄하하기 위해 애를 썼던 데는 그들 나름의 이유가 있었다. 과거 같으면 이른바 '빨갱이'로 매도됐을 진보적 독립운동가들이 하나둘씩 독립유공자로 서훈되고 이들에 대한 국민적 존경이 보편화되면서 우리 사회의 역사관과 가치관에도 변화가 생겼다. 이는 냉전과 반공에 기반한 한국의 지배 시스템에도 영향을 줬다. 이로 인한 불안감이 윤석열의 역사 쿠데타, 역사 내란에도 영향을 줬다고 볼 수 있다.

진보적 독립운동가들에 대한 본격적인 연구와 평가, 그리고 서훈은 1987년 6월항쟁 이후에야 이루어지기 시작했다. 원래대로라면 1960년 4·19혁명 이후에 시작됐어야 할 일이다. 1961년의 5·16 쿠데타로 인해 제대로 추진되지 못했던 것이 직선제 개헌투쟁의 성공을 계기로 뒤늦게 성사됐다. 이 항쟁을 주도한 국민들과 민주화 세력의 역량이 그것을 가능하게 만들었다. 그 뒤 김대중·노무현·문재인 정부가 출범함에 따라 점점 더 많은 진보적 독립운동가들이 독립유공자로 서훈됐다. 이런 현상으로 인해 누적된 극우세력의 불안감이 윤석열의 파괴적인 행동으로 발현됐다고 볼 수 있다.

무정부주의나 공산주의를 빼놓으면 독립운동사를 제대로 서술할 수 없는 것이 현실이다. 이런 사상으로 무장한 독립운동가들의 역할이 그만큼 절대적이었다. 일부 예외를 제외하고, 과거의 정권들이 부각시킨 독립유공자 상당수는 외교나 대중계몽 분야의 활동가들이다. 이들은 주로 선비나 지사 스타일이다. 이들이 한국 독립에 기여한 것은 분명한 사실이지만, 이들을 역사의 중심에 놓게 되면 독립운동의 진면목을 보여줄 수 없게 된다. 이들이 독립운동의 주류였다면, 일제가 독립운동가들을 잡기 위해 치안유지법을 운영한 사실을 이해할 수 없게 된다.

일제 강점기판 국가보안법인 치안유지법은 한마디로 ‘빨갱이 잡는 악법’이었다. 역대 정권들이 띄운 독립운동가 상당수는 조선총독부 치하의 합법 공간에서 활동한 사람들이다. 이들을 잡아들이는 데는 치안유지법이 필요하지 않았다. 치안유지법은 진보적 인물들을 엮기 위한 그물이었다. 훨씬 더 치열한 투쟁을 전개한 치안유지법 위반자들을 중심에 놓지 않는다면 독립운동사의 진면목에 도달하기 어렵다. 그런데도 치안유지법에 저촉되지 않는 선에서 활동한 사람들을 중심으로 독립운동사를 소극적으로 서술해온 것이 그간의 한국 현실이다.

약산 김원봉은 1940년 당시 300명의 병력을 보유했다. 오늘날의 대대장들이 300명 이상의 병력을 지휘하는 사실을 근거로 김원봉의 역량을 가늠해서는 안 된다. 독립군 장군이 300명을 지휘하는 것은 샐러리맨 장군이 수만 명의 대군을 이끄는 것과 비슷했다. 자기 힘으로 300명을 모으고, 그들을 무장시키고, 먹여 살리고, 지휘할 만한 역량을 보유한 장군은 많지 않다. 우리 땅도 아닌 남의 땅에서 그렇게 하는 것은 더욱 힘들다. 어떤 기여를 했는가를 따지지 않고 사상 문제만 따지고 드는 과거 정부들의 독립유공자 서훈 정책으로 인해 대한민국은 김원봉 같은 인물들의 독립투쟁을 제대로 고찰할 기회조차 얻지 못했다. 이것으로는 진짜 역사를 알 수 없다.

역대 정부의 보훈정책은 독립운동의 주 무대가 중국이었던 것 같은 착각도 조장했다. 정말로 중국이 주 무대였다면, 일본 제국주의 입장에서도 무척 홀가분했을 것이다. 그러나 실상은 그렇지 않았다. 일제 강점기에 이 땅에서 전개된 소작쟁의·노동쟁의는 일본인 지주 및 자본가에 대한 한국 민중의 저항이었다. 이는 지주 및 자본가에 대한 저항인 동시에 제국주의에 대한 저항이었다. 일본을 괴롭힌 항일투쟁은 주로 이런 데서 나왔다. 이런 투쟁은 일제가 한국을 억압하는 본거지에서 나왔다. 그래서 일본 입장에서는 한층 두려웠다. 그런데도 소작쟁의나 노동쟁의에 가담한 항일투사 대부분은 독립유공자 명단에서 제외돼 있다. 이런 운동의 지도자들이 진보적 사상으로 무장했다는 점이 이들에 대한 역대 정권의 편견과 배제를 조장해온 유력한 요인이다.

소작쟁의·노동쟁의와 더불어 일제를 많이 괴롭힌 것은 일제강점기 막판의 강제징용·강제징병 거부 투쟁이다. 일본 입장에서는 한국 밖에서 벌어지는 투쟁보다 이런 류의 투쟁이 훨씬 더 위협적이었다. 그런데도 이 투쟁에 참여한 사람들 대부분은 유공자 지정을 받지 못했다.

제국주의는 제왕을 위한 이념이 아니라 자본가를 위한 이념이다. 제국주의를 추동한 세력은 부르주아계급이었다. 그들이 해외 침략을 통해 얻고자 한 것은 약소국에 대한 경제적 지배다. 약소국의 노동력과 물적 자원을 착취하는 것이 그들의 목표였다. 일본 제국주의의 한국 침략도 그랬다. 일제가 한국을 침략한 궁극적 목표는 한국에 대한 경제적 착취였다. 이는 독립운동의 본령이 어디에 있는지를 시사한다. 독립운동의 핵심은 일제가 한국 민중과 토지·임야·바다를 침략하지 못하게 막는 것이었다. 이 본령의 영역에서 싸운 사람들이 소작쟁의·노동쟁의 및 강제동원 저항자들이다. 이들 대부분을 빼놓고 독립운동의 역사를 구성하겠다는 것은 어불성설이다.

식민지배의 본질이 경제적 착취이고 이에 대한 저항이 독립운동의 본령이라는 점은 수많은 독립운동가들이 무정부주의나 공산주의 이론을 학습한 배경을 알려준다. 이는 자본가들에 의해 조종되는 일본 제국주의에 맞설 대항의 논리를 찾기 위한 것이었다. 제국주의의 약점을 찾아내 승리를 거두자면 제국주의를 비판하는 공산주의나 무정부주의를 참고하는 게 당연했다. 일본 제국주의를 비판하기 위한 논리를 '친제국주의' 이론에서 어떻게 찾겠는가. 무정부주의나 공산주의는 한국 독립운동의 '목적'이 아니라 '수단'이었다. 자본주의나 제국주의 사상으로 무장하고 일본 제국주의와 싸울 수는 없었기에 그런 사상들을 하나의 방편으로 활용했을 뿐이다.

역대 정부가 추천한 독립운동가들은 주로 지사형 인물들이다. 이런 인물들만으로 한국 독립운동사를 올바로 구성할 수 없다는 것이 이 책을 쓰게 만든 문제의식이었다. 한국의 노동력과 토지 및 생산자원들에 대한 침탈을 막기 위해 최일선에서 투쟁한 사람들의 이야기가 들어가야 한국 독립운동의 진면목을 파악할 수 있다는 생각에서였다. 이 한 권으로는 부족하겠지만, 소작쟁의·노동쟁의 및 강제징용·강제징병 거부투쟁에 참여한 수많은 한국 대중을 중심으로 독립운동사를 구성하게 되면 한국 독립운동의 이미지가 확연하게 달라지리라 확신한다.

명백한 항일운동 행적에도 불구하고 그 빛나는 이름을 아직까지 인정받지 못한 독립운동가들을 다룬 이 책을 출간해주신 북피움 출판사 대표님과 편집장님께도 감사와 경의를 표한다. 이 책이 독립운동사의 허상을 걷어내고 진정한 역사의 커튼을 열어젖히는 데 이바지하기를 희망한다.

김종성

| 차례 |

01

아관파천 뒤에서 암약한
'왕의 남자'

– 고종을 섬긴 내시 강석호의 은밀한 항일운동

1896년 2월 11일 새벽, 경복궁의 동문인 건춘문이 소리 없이 열리고 어둠 속으로 한 대의 여성용 가마가 빠져나갔다. 가마 안에는 숨을 죽인 조선의 왕 고종이 타고 있었다. 그리고 왕을 호위하는 이들 중에는 38세의 내시 강석호가 있었다.

가마의 목적지는 경복궁 서남쪽인 러시아 공사관. 일본의 촘촘한 감시망을 뚫고 '아라사(러시아)'의 품으로 파고드는 목숨을 건 탈출 작전이었다. 이후의 세계사를 뒤바꾼 아관파천(俄館播遷)의 서막은 그렇게 시작되었다.

아관파천은 단순히 임금이 거처를 옮긴 사건이 아니었다. 영국과 독일이 러시아의 극동 진출을 견제하던 일촉즉발의 국제 정세 속에서, 일본에 의해 '식물 임금'으로 전락했던 고종이 던진 승부

→ 1900년 무렵 러시아 공사관.

수였다. 이 은밀하고 거대한 작전은 이범진 등 친러파와 러시아 공사 스페이예르, 그리고 내시 강석호를 비롯한 친왕세력 등의 합작품이었다.

고종이 경복궁을 빠져나감에 따라 일본은 순식간에 조선에 대한 영향력을 크게 상실했다. 일본은 동학혁명 중인 1894년 7월 23일(음력 6.21) 경복궁을 점령하고 조선 왕의 신병을 확보하긴 했지만 아관파천 때까지도 독자적인 지배 체제를 이식하지 못했다. 그래서 왕명을 중심으로 작동하는 조선 왕조의 기존 시스템에 의존할 수밖에 없었다. 그러므로 고종의 이동은 곧 일본 영향력의 상실을 의미했다.

동학혁명 중에 조선을 침략한 데 이어 청일전쟁 승리와 동학군 진압에 힘입어 조선을 단독 장악했던 일본은 아관파천을 계기로

러시아와 타협을 하게 됐다.*

아관파천 때문에 일제의 한국 강점은 조금 늦춰졌다. 이 사건으로 인해 더 이상 조선을 단독 장악할 수 없게 된 일본이 러시아와 더불어 세력 균형을 유지한 기간은 2년이다. 이렇게 보면 아관파천은 일제의 강점을 짧게는 2년, 길게는 을사늑약까지 약 9년이나 지연시키는 전략적 방벽 역할을 했다.

---

* 양국은 1896년 5월 14일의 베베르-고무라 각서, 같은 달 26일의 로바노프-야마가타 의정서를 통해 조선에 대한 공동 영향력 행사를 약속했다. 이렇게 생겨난 러·일 세력 균형은 러시아가 조선 문제에서 한발 물러서는 1898년까지 이어졌다. 러시아는 1897년 11월 14일 산둥반도 자오저우만(교주만)을 점령해 자국의 남진에 지장을 준 독일을 견제하고 만주에 대한 영향력을 확실히 해둘 목적으로 1898년 4월 25일에 일본과 로젠-니시 협정을 체결하고 조선에서 물러났다. 아관파천으로 인한 세력 균형은 이때 종료됐다.

일본은 1896년부터 2년간 공동 영향력을 행사한 러시아와 1904년에 전쟁을 벌였다. 1905년 9월에 이 전쟁에서 승리를 확정지으면서 조선에서 러시아의 흔적을 지웠다. 그리고 불과 두 달여 뒤인 그해 11월 17일에 을사늑약을 강행했다. 이렇게 보면 아관파천으로 인해 강점이 지연된 기간은 9년으로도 볼 수 있다. 2년이든 9년이든 아관파천이 일제의 침략에 상당한 제동을 건 것은 확실하다.

아관파천의 주역, 내시 강석호

•

아관파천이 항일의 역사에서 중요한 의미를 갖는데도 이 사건의 핵심 주역인 내시 강석호는 국가보훈부가 지정하는 독립유공자가 아니다. 대한민국 정부의 보훈사업이 항일운동의 실질을 제대로 반영하지 못하고 있음을 보여주는 사례다.

철종 때인 1858년에 태어난 강석호가 궁궐에 발을 들인 것은 17세 때인 1875년이었다.* 고종이 아버지 흥선대원군을 밀어내고 친정(親政)을 시작한 지 2년이 지났을 때였다.

내시는 궁중의 그림자 같은 존재다. 하지만 강석호는 단순한 내

---

* 『사학 연구』 2008년 제89호에 실린 장희흥 대구대 교수의 논문 '대한제국기 내시 강석호의 활동'에 소개된 강석호 묘비에 따른다. 강석호의 묘는 경기도 용인시 이동면에 있다.

→ 덕수궁 돈덕전에 있는 고종과 순종의 모습. 순종 뒤에 서 있는 이들이 내시들이다.

시가 아니었다. 38세 때 아관파천에서 공을 세운 일은 강석호가 고종의 두터운 신임을 받는 계기가 됐다. 통감부의 문서에서는 강석호를 "유명한 내관"으로 소개하면서 "황상이 이전에 노국(露國) 공사관으로 파천할 때 배종했다."라며 "상당한 총애가 있었다."고 기록하고 있다.*

강석호는 친미파이기도 했다. 그는 고종과 친미 세력을 중개했다. 고종은 자신의 시종이면서 미국통이었던 강석호를 친미 정치 세력의 연락통으로 활용했다. 러시아와 미국은 같은 편이 아니었지만 1896년 당시 조선에서는 친러파와 친미파가 명확히 갈리지

---

* 을사늑약 두 달 보름 뒤인 1906년 2월 1일 업무를 개시한 한국통감부의 문서를 수록한 『통감부 문서』 참조.

않았다. 고종이 청나라와 일본을 견제하기 위해 미국에도 의존하고 러시아에도 의존했기 때문에 고종의 측근들은 친미와 친러의 경계를 넘나들었다. 이런 배경 때문에 강석호의 항일·반일 활동 역시 친미 노선을 바탕으로 전개됐다.

고종은 아관파천 12년 전인 1884년에도 세계를 놀라게 했다. 영국과 서방이 러시아의 남진을 집중 견제하던 그때, 러시아와 전격 수교를 해버린 것이다. 그것이 얼마나 충격적이었던지 영국이 이듬해 3월에 거문도를 점령할 정도였다. 그때의 목적은 청나라 견제였다. 1882년 민중 반란인 임오군란을 진압하려고 청나라 군대를 끌어들였다가 청의 내정간섭에 시달린 뼈아픈 경험 때문에 이번엔 청나라를 견제하기 위해 러시아를 끌어들인 것이다. 그러므로 조러수호통상조약 체결의 본질은 친러가 아니라 반청이었다.

마찬가지로 아관파천의 본질도 친러가 아니었다. 1894년 동학혁명 진압을 위해 청나라 군대를 요청했다가 덩달아 들어온 일본군에 당하던 고종이 일본을 약화시킬 목적으로 벌인 반일·항일 조치였다. 고종이 외세를 끌어들여 외세를 막는 일종의 돌려막기를 하던 와중에 벌어진 일이다.

강석호는 이 위험한 미션의 충실한 실행자였다. 황제를 여성용 가마에 태우고 일본의 감시망을 피해 러시아공사관까지 무사히 호위하는 데 성공했다.

아관파천은 성공했고 조선에 대한 일본의 독점적 영향력에는 거대한 균열이 생겼다. 러시아와 일본이 조선 문제에서 세력 균형을 이루게 됐다. 그러나 일본은 포기하지 않았다. 그리고 1905년 러일전쟁에서 승리한 일본은 그해 11월 17일 강제로 을사늑약을 체결함으로써 대한제국의 외교권을 강탈했다.

헤이그 밀사 이준에게 10만 원을 건네다

•

고종은 을사늑약의 무효를 알리고자 헤이그 만국평화회의에 헐버트와 더불어 3명의 밀사를 파견하기로 했다. 이준, 이상설, 이위종이 그들이었다. 네덜란드 헤이그까지 먼 길에 소요되는 여비가 필요했다. 아관파천에서 고종의 뜻을 받들어 일본의 기세를 꺾는 데 기여한 강석호는 이번에도 위험을 무릅쓰고 자기 역할을 했다. 헤이그로 떠나는 이준에게 여비 10만 원을 건넨 것이다. 아이러니하게도 이 사실은 헤이그 밀사에게 여비를 건네준 것을 빌미로 강석호를 협박하여 돈을 갈취했던 친일파가 체포되는 바람에 알려졌다.

> "…… 이준 열사의 헤이그 파견 시 당시 내시로 있던 강석호 씨가 금 10만 원을 여비로 주었다는 사실을 탐지한 박두영은 강씨를 위협·공갈하여 그 재산을 전부 횡취한 사실이 있어 지금 강씨의 자제로부터 당시 횡령당한 재산의 반환 요구도 있다 하며……"*

---

* 1949년 5월 19일자 「연합신문」 '반민족행위특별조사위원회 충청북도조사부, 친일파 박두영 검거' 참조.

→ 헤이그로 간 3명의 밀사. 왼쪽부터 이준, 이상설, 이위종이다. 밀사의 대표격이었던 이준에게 경비 10만 원을 건네준 이가 내시 강석호였다.

독립운동가 신채호는 1905년에 「황성신문」에 입사했는데 당시 논설위원 월급이 30~40원이었다. 강석호가 이준에게 건넨 10만 원은 「황성신문」 논설위원 2,500~3,000명의 한 달치 월급에 해당하는 거금이었다. 고종에게서 그 10만 원이 나왔을 수도 있지만, 강석호의 재산을 탐내는 박두영의 모습을 보면 강석호 수중에서 돈이 나왔을 가능성도 있다. 훗날 강석호의 기부 활동이 언론에 자주 보도된 것을 감안하면 그런 판단이 가능하다. 고종의

→ 1884년에 미국의 천문학자이자 외교관이었던 퍼시벌 로웰이 촬영한 고종 최초의 사진.

하사금이었든 강석호가 사재를 털어준 것이었든, 목숨을 걸고 먼 길을 떠나는 황제의 밀사에게 그만한 거금을 전달한 행위는 그의 항일 의지가 얼마나 결연했는지를 증명한다.

내시 제도 폐지의 원인을 제공하다

•

강석호의 항일은 돈으로 끝나지 않았다. 강석호가 활동한 시기는 대한제국이 일본으로 넘어가는 긴박한 순간이었다. 이런 상황에서 그는 약산 김원봉을 연상시키는 항일투쟁에도 가담한다. 1905년, 러일전쟁에서 승기를 잡은 일본이 대한제국의 외교권을 노리던 그 시기에 한 여자가 서울과 도쿄를 오갔다. 그녀의 이름은 배정자. 이토 히로부미의 양녀로 불리며 스파이 활동을 하는 여자였다.

강석호는 이봉래 등과 함께 은밀히 암살 계획을 짰다. 매국녀 배정자를 제거하기로 한 것이다. 하지만 배정자는 일본군의 보호를 받고 있었고 계획은 실패로 끝났다.[*]

그러나 강석호는 포기하지 않고 이번에는 친일파 박영효와 유길준을 암살할 계획을 세웠다. 이런 활동들로 인해 강석호는 일본의 표적이 됐다. 아관파천의 주역, 헤이그 밀사에게 거금을 건넨 자, 일제의 스파이와 친일파를 제거하려 한 위험인물이었으니 일제에게 얼마나 눈엣가시였겠는가.

을사늑약 이후 일본이 강석호를 잡으려 했으나 강석호는 무사히 몸을 피해 어디론가 사라졌다. 구한말 역사를 다룬 황현의 『매천야록』은 을사늑약 이후를 설명하는 대목에서 "내시 강석호가 달아났다."라며 "왜인들이 수색했으나 잡지 못했다."고 말한다.

강석호의 항일 활동은 대한제국보다 내시 제도가 먼저 사라지는 한 가지 원인이 됐다. 1907년 7월에 고종을 강제 퇴위시킨 일본은 그해 11월 7일에 내시 제도도 없애버렸다. 대한제국보다 내시 제도가 먼저 사라진 것이다. 강석호 같은 인물들을 황제 주변에서 몰아내려는 일본의 계산이었다.

강석호는 고종이라는 황제와 내시 제도라는 시스템을 기반으로

---

[*] 친일 분야의 대표적 문헌인 『민족정기의 심판』(1949) 참조.

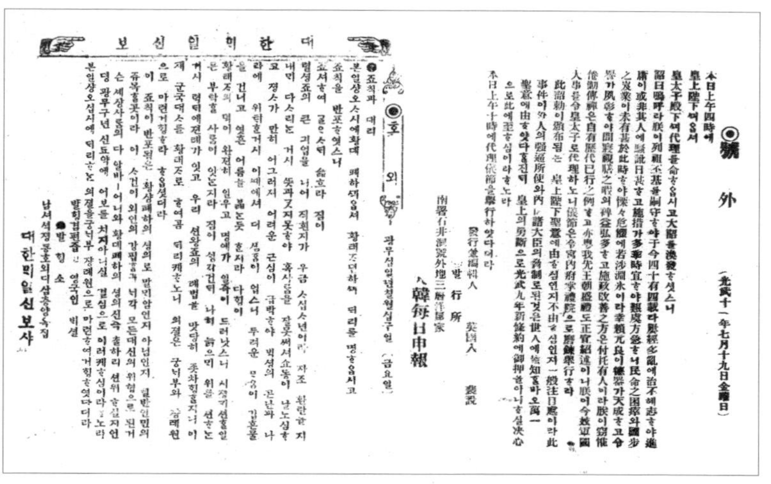
→ 고종이 순종에게 양위함을 호외로 보도한 「대한매일신보」.

활동했다. 이 조건이 사라짐으로써 강석호는 정치적 기반을 잃고 역사의 무대에서 퇴장했다. 그 뒤 그는 경기도 용인에서 조용히 말년을 보내며 여러 번의 기부 활동으로 언론에 종종 보도됐다.

아관파천의 공로자, 헤이그 밀사의 후원자, 친일파 암살을 계획했던 항일투사 강석호는 독립유공자로 지정돼 있지 않다. 하지만 그는 망국으로 치닫는 나라의 안위를 근심하며 충심을 다해 고종을 보필했다. 그렇다면 고종을 중심으로 전개된 항일 활동을 벌인, 숨어 있는 독립운동가로 평가받아야 마땅하지 않을까.

구한말 '강남좌파', 항일투쟁의 선봉에 서다

– 왕이 없는 세상을 꿈꾼 동학교주 김개남

"(김개남의) 꿈에 신령이 나타나서 손바닥에 개남이라는 두 글자를
써주었다. 그래서 호를 개남으로 했다."[*]

동학혁명 등에 관한 역사서인 황현의 『오하기문(梧下記聞)』은 김
개남이 사람들에게 꿈에 신령이 나타나 자신의 손바닥에 '개남'
두 글자를 써주었다고 전한다. 개남(開南). 남쪽을 연다. 남쪽을 개
벽시킨다는 뜻이다. 신령이라는 초월적인 존재를 등장시킨 것이
나 동학혁명 시기에 이런 말을 한 것을 감안하면, 개남은 꽤 혁명
적인 글자다. 동학혁명을 좀 더 급진적인 방향으로 이끌고자 했던

---

[*] 황현, 『오하기문』 참조.

그의 지향성이 보이는 대목이다.[*]

동학혁명은 반외세·반봉건운동이다. 이 속에 담긴 반외세 혁명의 성격은 전봉준과 최시형에게서도 나타나지만, 김개남에 의해 훨씬 선명하게 드러난다. 1894년 상반기에 있었던 동학군의 제1차 봉기는 반봉건을 지향했다. 그에 비해, 하반기에 일어난 제2차 봉기는 반외세를 지향했다. 제1차 봉기가 제2차 봉기로, 반봉건운동이 반외세운동으로 전환되는 과정에서 김개남이 보여준 모습은 그가 가장 원론적이고 가장 강경한 반외세 지도자였음을 보여준다.

구한말판 '강남좌파', 동학을 만나다

•

김개남은 1853년 전북 태인에서 태어났다. 그의 집안은 대대로

---

[*] 『오하기문』은 김개남을 김기범(金箕範)으로 표기했다. 『동학학보』 2022년 제62호에 게재된 이선아 전북대 연구원의 '호남의 동학과 개벽의 꿈 – 태인 유생 김기범에서 동학접주 김개남'에 인용된 유생 기행현의 『홍재일기』에도 김기범으로 적혀 있다. 황현은 오늘날의 정치평론가처럼 정국 상황을 예리하게 관찰했다. 기행현은 김개남이 전국적 인물이 된 뒤인 1894년 하반기에 김개남을 만났다. 황현과 기행현 같은 사람들이 김개남 대신 김기범이란 이름을 사용했다. 이선아 논문은 "동학농민혁명 당시에도 유생들에게는 김개남보다 김기범이라는 이름으로 알려져 있었던 것으로 추정"된다고 말한다. 이 논문에 따르면, 김개남의 족보상의 이름은 영주(永疇)이고 기범과 기선(箕先)은 성인식인 관례 때 받는 이름인 자(字)였다. 『홍재일기』에 기범(基凡)으로 표기돼 있지만, 이는 중요하지 않다. 한자로 된 인명이 입에서 입으로 전달되는 과정에서, 발음은 같지만 뜻이 다른 글자로 바뀌는 일은 비일비재했다. 개남(開南)은 김개남 본인이 붙인 이름이다. 호(號)에 가깝다고 볼 수 있다.

이 지역의 세력가였다. 요즘 말로 하면 '강남좌파' 같은 사람이었다. 황현은 그를 이렇게 기록했다.

"기범(김개남의 본명)은 음흉하고 사나웠으며 무력으로 일을 해결하는 경우가 많았다. 난을 일으켰을 때 그 집안 사람의 대부분이 그를 따라 나섰다."

황현은 동학군을 도적으로 보던 사람이었다. 그의 '음흉하고 사납다'는 표현은 반대로 읽어야 한다. 김개남에게 기획력이 있었고, 결단성이 있었다는 뜻이다. 그래서 집안 사람들이 그를 따랐다. 황현에 따르면, 도강 김씨 가문에서 동학 지방조직 책임자인 접주가 된 사람만 24명이었다. 한 집안에서 이 정도 인물이 나왔다는 것은, 그만큼 김개남의 영향력이 컸다는 증거였다.

김개남은 19세에 첫 결혼을 했다가 아내와 사별하고 20세에 전주 이씨와 재혼했다. 두 번째 부인은 전북 임실 사람이었다. 김개남은 임실로 이주해 서당 훈장이 됐다. 훈장이 되려면 『천자문』은 기본이고, 『통감』 같은 역사서와 사서오경 같은 철학서도 통달해야 했다. 20세 무렵의 김개남은 상당한 지식인이었던 것이다.

그러다 동학을 만났다. 정확한 입교 시기에 관해서는 논란이 있지만* 30대 후반인 1890년경부터 김개남은 동학에 깊이 관여하기 시작했다. 그리고 놀라운 속도로 성장했다. 1891년, 동학 교주 최시형을 만났다. 1892년, 교조 최제우의 명예 회복을 위한 교조

---

* 『한국근현대사연구』 1995년 제2집에 실린 역사학자 이진영의 '김개남과 동학농민전쟁'에 따르면, 김개남의 손자인 김환옥은 최시형이 임실을 방문한 1873년에 당시 20세인 김개남이 동학 교인이 됐다고 증언했다. 하지만 이 논문은 입교 시점을 김환옥이 지목한 시점보다 뒤로 늦춘다. "늦어도 39세 되던 1891년 초엽에는 동학에 깊이 관련"됐다고 이 논문은 말한다. 앞의 이선아 논문은 정식 입교 시점을 1889년으로 추정했다. 김환옥이 가리킨 시점보다 훨씬 이후 시점을 지목했다는 점에서는 이진영 논문과 비슷하다. 정식 입교 시점에 관계없이, 김개남은 자신이 1873년에 입교했다고 생각했을 수도 있다. 정식으로 세례 교인이 아닌데도 자신이 교회에 다닌다고 말하는 사람들이 오늘날에 많은 점을 감안하면 그렇다. 자신은 1873년에 입교했다는 김개남의 생각이 손자의 증언으로 연결됐으리라 볼 수 있다.

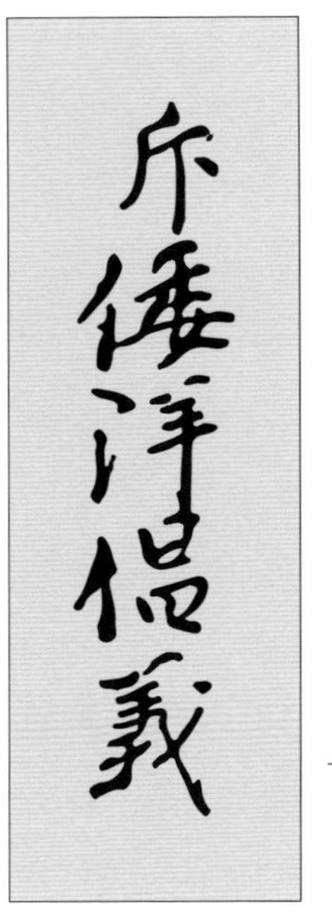

→ 동학농민운동의 깃발. 깃발의 한 자는 척왜양창의([斥倭洋倡義)로, '왜와 서양을 물리치기 위해 창의 하였다'는 뜻이다.

신원운동에 전라도 접주들과 함께 참여했다. 1893년 3월, 보은집회에서 최시형은 그를 태인포 대접주로 임명했다. 겨우 3년 만에 한 지역을 책임지는 대접주가 된 것이다. 이례적인 승진이었다. 그만큼 그의 능력이 뛰어났고 카리스마가 강했다는 뜻이다.

김개남은 1894년 동학전쟁 당시 전봉준·손화중과 더불어 동학군의 주요 지도자로 떠올랐다. 이들의 지휘하에 동학군은 최대 산업 지역의 중심지인 전주성을 점령해 조선 왕조를 벼랑 끝으로 몰아넣었다.

청과 일본, 불청객들의 도착

●

1894년 6월 4일(음력 5월 1일), 청나라군이 인천에 상륙했다. 동학 농민군의 기세에 놀란 고종이 요청한 군대였다. 닷새 뒤, 일본군도 인천에 도착했다. 이쪽은 누구도 초대하지 않았다. 그들은 청나라 군을 핑계로 멋대로 들어온 것이다. 그리고 청나라군보다 빨리 움직였다. 7월 23일(음력 6월 21일), 일본군은 경복궁을 점령하고 조선의 왕을 볼모로 잡았다.

이처럼 상황이 바뀌자 동학혁명의 성격도 반봉건에서 반외세로 바뀌었다. 이제는 일본군을 몰아내야 했다. 이러한 대의에는 이견이 없었다. 하지만 방법론에서 갈라졌다. 전봉준과 최시형은 신중했다. 고종이 일본군의 볼모가 된 상태였다. 섣불리 움직였다가는 임금의 목숨이 위험할 수 있었다. 조선 왕조의 체제를 인정하고 그 틀 안에서 개혁을 추진하려던 이들에게, 왕의 안위는 무시할 수 없는 문제였다. 그래서 그들은 망설였다. 각 지역에서 올라오는 반일 봉기 요구에 소극적으로 대응했다. 재봉기를 제지하기도 했다.* 김개남은 달랐다. 김개남은 전봉준이나 최시형보다 훨씬 '왼쪽'에 있었다.

---

* 『동학연구』 2000년 제6집에 실린 역사학자 이희근의 논문 '1894년 동학 지도부의 제2차 기병(起兵) 추진과 그 성격' 참조.

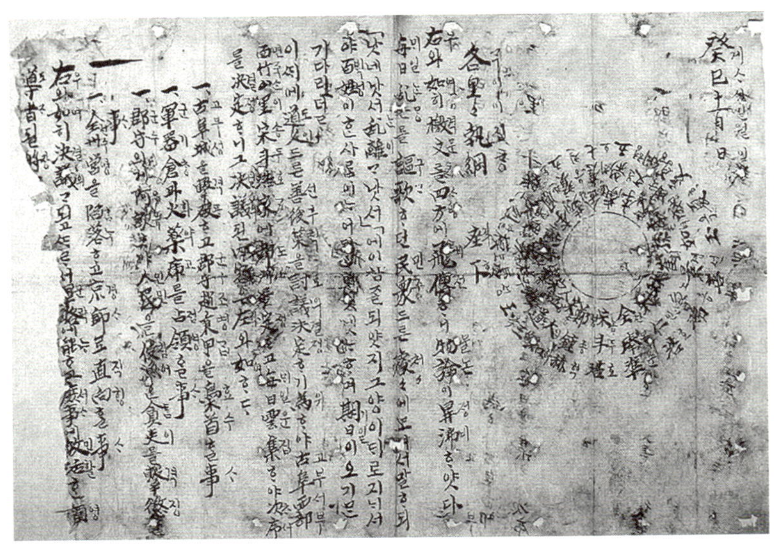

→ 동학 농민 운동 당시 사발통문(격문).

임금이 죽든 말든

●

김개남은 조선 왕조에는 관심이 없었다. 새로운 왕조를 꿈꾸는 사람에게, 낡은 왕조의 군주가 죽든 말든 무슨 상관이겠는가. 고종의 안위 따위는 그에게 아무 의미가 없었다. 그래서 그는 지금 당장 일본군과 싸워야 한다고, 2차 봉기를 일으켜야 한다고 적극적으로 주장했다. 결국 전봉준과 최시형도 제2차 봉기에 나섰다. 한양 조정의 의중을 확인한 뒤였다. 하지만 이미 동학군 지도부는 갈라진 상태였다.

전봉준은 전봉준대로 움직였다. 그는 공주를 공격했다. 일본군

→ 1894년 12월 체포되어 한성부로 압송되는 녹두장군 전봉준. 교자에 포박되어 앉아 있는 이가 그다.

과 관군의 연합 부대를 상대로 결전을 벌였다. 김개남은 김개남대로 움직였다. 그는 전봉준의 공주 공격에 합류하지 않았다. 대신 자기 부대를 이끌고 다른 경로를 택했다. 장수, 금산, 진잠을 거쳐 청주 병영을 공격했다.

청주 병영 공격은 실패했다. 하지만 부수적 효과는 있었다. 청주 병영의 관군이 공주 전투에 투입되지 못하게 만든 것이다. 전봉준에게 간접적으로 도움을 준 셈이었다.* 하지만 통합된 전력으

---

* 이이화, 『이이화의 인물 한국사 4』 (2011) 참조.

로 싸웠다면 더 나았을까? 알 수 없는 일이다. 다만 한 가지는 분명하다. 김개남은 동학군 지도자 중에서 가장 선명하게, 가장 적극적으로 일본에 맞섰다.

청주 전투 패배 이후, 김개남은 힘을 잃고 지금의 전북 정읍 지역으로 숨어들었다. 그리고 옛 친구 임병찬이 그를 관군에 신고했다. 죽마고우의 배신이 그를 죽음으로 몰아넣은 것이다. 관군 장교 황헌주가 병력을 이끌고 김개남이 숨어 있는 집을 포위했다. 역사학자 이이화는 김개남이 관군 장교 황헌주에게 붙들리는 장면을 아래와 같이 묘사한다.

"황헌주가 김개남이 숨어 있는 집을 포위하고 어서 나오라고 소리쳤다. 이때 마침 김개남은 측간에서 대변을 보고 있다가 '올 줄 알았네. 똥이나 다 누고 나가겠네'라고 대꾸했다. 이렇게 해서 기개에 찬 영웅은 잡혔다."

1895년 1월 20일(음력 12월 25일), 김개남은 효수형에 처해졌다. 목을 베어 거리에 내건 것이다. 조정은 김개남의 시신으로 본보기를 만들기로 했다. 동학군 전투가 일어났던 지역들을 순회하며 시신을 전시했다. 하지만 역설적이게도, 이것이 김개남의 위상을 보여준다. 조정이 그만큼 그를 두려워했다는 뜻이다. 단순히 죽이는 것으로는 부족해 시신까지 순회 전시해야 할 만큼 그의 영향력이 컸다는 증거다.

　1876년 강화도조약 이후로 경제적 침략에 성공한 일본은 1894년에 군사적 침략을 통해 조선을 수중에 넣었다. 그런 뒤 러시아의 개입을 물리치고 1905년에 외교권을 빼앗았다. 그 과정 중에 있었던 1894년의 동학혁명이라는 항일투쟁에서 김개남은 가장 적극적이었다. 비록 성공하지는 못했지만, 가장 선명한 방법으로 일본의 조선 침략에 대항했다. 국가보훈부는 김개남을 독립유공자로 지정하지 않았다. 하지만 그가 고도의 항일투쟁을 벌인 사실은 부인할 수 없다.

03

"이것은
명성황후를 위한 복수다!"

– 명성황후 시해에 가담한 친일매국노를 처단한 고영근

1903년 12월 3일. 중추원 부의장 김가진은 감격에 찬 문투로 고종 황제에게 상소문을 올렸다. 『비서원일기』 기록에 적힌 상소문은 이렇다.[*]

"삼가 아뢰노니, 신하의 의리로는 역적을 베는 것이 크고 국가의 법으로는 공로에 대해 상을 주는 것이 우선입니다. 그래서 난신적자는 사람들마다 각각 벨 수 있다고 했으니 반드시 재판관일 필요는 없는 것이고, 또 죄가 의문스러울 때는 가벼운 쪽으로 하고 공이 의문스러울 때는 무거운 쪽으로 한다고 했으니, 이는 영원한 도의입니

---

[*] 중추원은 황제의 자문기관이며 『비서원일기』는 황제 비서실의 업무일지다.

다. 신들이 지금 삼가 들으니 도망 중인 죄인인 고영근이 역적 괴수인 범선을 손수 죽이고 일본 경서(警署)에 붙들려 있다 합니다."

9일 전인 11월 24일, 일본에 있던 고영근이 명성황후 시해에 가담하고 일본으로 도주한 우범선을 살해했다. 상소문은 이 사건을 고종에게 보고하는 것이었다. 그런데 서두가 다소 장황하다. 신하는 역적을 베야 한다, 국가는 이를 포상해야 한다, 불충한 난신적자를 죽이는 일은 누구나 할 수 있다 등의 말들을 한 다음에 우범선 처단에 관한 본론으로 들어갔다.*

상소문의 요지는 한마디로 '죄인 신분인 고영근이 우범선을 처단했다'는 것이었다. 고영근이 누구인가? 고종 정권의 탄압으로 해체된 독립협회를 재건하고자 쿠데타 음모를 꾸몄다는 혐의를

---

* 같은 날짜의 『고종실록』에 실린 동일한 상소문은 우범선 처단에 관한 내용부터 기술한다. 실록에는 장황한 서론이 생략돼 있다. 『비서원일기』의 사관은 장황한 서론이 필요하다고 본 것이고, 『고종실록』의 사관은 그런 서론이 불필요하다고 본 것이다. 『고종실록』 내용은 다음과 같다. "중추원 부의장 김가진 등이 올린 상소의 대략에, '방금 삼가 듣건대, 도피 중인 죄인 고영근이 제 손으로 역적 괴수 우범선을 죽이고 일본 경찰서에 구속되었다고 합니다. 대개 우범선의 극악한 역적죄에 대해서는 바로 온 나라 신하와 백성들이 기어코 찢어 죽이고야 말려고 했던 자이니, 이 보도를 듣고나서부터 우리의 복수의 일념으로 칼을 베고 자던 사람들이 지극히 애통한 마음을 조금 씻을 수 있었습니다. 그러나 신 등은 오히려 도피 중인 일개 죄신(罪臣)에게 부끄러움을 느끼지 않을 수 없고, 또 국법이 일찌감치 통쾌히 시행되지 못한 것에 대해 한이 없을 수가 없습니다. 이번에 역적을 처단한 공에 대해서는 반드시 상을 주어야 하지만, 고영근은 죄를 짓고 망명한 지 여러 해가 되었으니 또한 그의 죄와 공을 참작하여 처벌의 경중을 분명히 해야 합니다.'"

받은 뒤 일본으로 망명한 인물 아닌가. 말하자면 그는 고종 정권과 날카롭게 대립각을 세웠던 인물이다. 고종이 독립협회를 박해한 이유 중 하나는 이 단체가 대통령제를 시도하려 한다는 판단에 있다. 왕조 운영자의 입장에서는 군주를 시해하고 새로운 군주를 세우겠다는 인물보다 군주제를 아예 없애버리려는 인물이 더 위험했다. 전자는 군주제를 인정하는 인물인 반면, 후자는 부정하는 인물이기 때문이다.

고종이 볼 때, 고영근은 후자로 분류되는 인물이었다. 그런 고영근이 처벌을 피해 일본으로 달아나버리자 고종은 그에게 교수형을 선고했던 터였다. 그에 대한 고종의 불편한 심기는 어렵지 않게 짐작할 수 있다. 위 상소문이 맨 마지막에 본론을 쓴 것은 고종의 감정을 무시한 채 고영근에 관한 이야기를 곧바로 꺼낼 수 없었기 때문인 것으로 보인다.

고종이 볼 때 그는 죄인, 그 이상도 그 이하도 아니었다. 그런 고영근이 명성황후를 시해한 현장에서 시신을 불태우는 일을 주도한 친일매국노 우범선을 처단하는 거사를 벌였던 것이다.

시중꾼에서 절도사까지, 출세가도를 달리다

•

1854년생인 고영근은 상민 출신으로 민씨 가문의 실력자였던 민영익 가의 청지기(시중꾼)로 궁을 드나들면서 명성황후의 총애

→ 1897년 11월 21일에 열린 명성황후의 장례식.

를 받아 종2품직인 경상좌도병마절도사까지 올랐다.* 그 뒤 고영근은 당시 개념으로 '좌우 진영'을 자유로이 넘나들었다. 그는 독립협회를 훼방 놓는 맞불 단체 격인 황국협회의 부회장도 지냈다. 이때가 1898년이었다. 그러나 얼마 안 가 황국협회의 폭력성에 실망해 반대 진영인 독립협회로 넘어갔다. 그해 연말에는 독립협회 회장이 됐다.

  민영익 가문과 조정에서도 그렇고 황국협회와 독립협회에서도

---

* 이종각 주오대학 강사가 2009년 9월호 『신동아』에 기고한 '자객 고영근의 명성황후 복수기' 참조.

그렇고, 그는 어디를 가나 감투를 잘 썼다. 동학혁명과 청일전쟁 이후로 한반도 정세가 소용돌이치는 일대 위기 속에서도 그는 이쪽저쪽을 자유로이 넘나들며 지도자 역할을 수행했다.

하지만 끝까지 살아남는 데는 실패했다. 고영근이 이끈 독립협회는 고종의 두려움을 키워 결국 해산을 당했고 그는 독립협회 재건을 추진하다가 발각됐다. 그런 이유로 1899년에 바다 건너 일본까지 넘어가게 됐다. 그랬던 그가 일본의 보호를 받으며 망명 중이던 우범선에게 접근해 명성황후를 위한 복수극을 벌였던 것이다.

고영근의 거사에 심리적으로 영향을 끼친 사람은 독립협회 출신 망명객 윤효정이었다. 윤효정이 먼저 우범선에게 접근했다. 거짓으로 친한 척하며 지속적으로 접근하자 경계심을 풀었는지 우범선은 명성황후 시해 상황을 상세히 설명하면서 자신이 시해를 주관했다고 떠벌렸다. 일본이 시켜서 한 일을 자기가 주관한 듯이 자랑했던 것이다. "신하로서는 차마 들을 수 없는 말"을 들은 윤효정은 가슴이 서늘해지고 간담이 떨렸다. 그는 결심했다. 이 역적을 반드시 죽이고 말겠다고. 그리고 고영근을 찾아가 기회를 보아 우범선을 죽이기로 서로 약속했다. 이번에는 고영근이 구실을 만들어 우범선에게 접근했다.

"집을 구해주시면 감사하겠습니다."

우범선이 적당한 집을 구해주었다. 고영근이 감사를 표했다.

"집으로 한번 모시겠습니다."

→ 1922년 12월 13일자 「동아일보」에 실린 고영근의 사진과 관련 기사.

그리고 우범선을 집으로 초대하여 그 자리에서 칼로 목과 턱을 찔렀다. 우범선을 살해한 고영근은 바로 일본 경찰에 자수했다. 1903년의 이 거사로 일본에서 사형선고를 받았지만 대한제국의 '자국민 보호'에 힘입어 1909년에 국내로 송환되고 2년 뒤에는 사면되었다.

역적에서 의인으로, 죄인에서 애국자로

•

그러나 대한제국의 국운은 기울고 있었다. 그가 돌아온 다음 해인 1910년에는 국권을 완전히 상실했다. 고영근은 그것을 무력하게 지켜볼 수밖에 없었다. 1919년에 고종이 사망하자 한때 고종에게 역적으로 몰려 교수형까지 선고받았던 고영근은 홍릉 참봉이 되어 죽은 황제의 무덤을 지켰다. 고종 사망으로 3·1운동이 발발한 뒤였기 때문에 이런 모습은 고종에 대한 충성심 차원을 떠나 일본에 대한 저항으로 해석될 여지가 컸다. 1923년에 향년 70세로 세상을 떠난 뒤에는 홍릉 인근에 묻혔다.

1894년에 동학혁명 진압을 빌미로 조선에 들어온 일본군은 내정간섭 군대로 돌변해 경복궁을 점령하고 고종을 허수아비로 만들었다. 이에 대한 반발로 고종이 러시아를 끌어들이려 하자 일본은 친일파들과 합세해 명성황후를 시해하고 고종을 겁박했다. 고영근의 거사는 일제의 이런 침략 행위에 대한 복수였다. 고영근은 국가보훈부가 인정하는 독립유공자는 아니지만 그의 행위는 명백히 항일투쟁이었다.

"명성황후를 위한 복수다!"

•

동아시아 침략을 주도한 것은 서양 열강이었다. '서세동점'이라는 말로 표현되듯이, 서양이 동양을 침략했다. 그러나 한국에 대한 침략은 서양이 아닌 일본이 주도했다. 서양의 등에 올라탄 일본. 아시아를 벗어나 유럽 대열에 진입한다는 '탈아입구(脫亞入歐)'가 일본의 노선이었다. 그런 일본의 등에 올라탄 이들이 있었다. 우범선 같은 친일파들이 그들이다. 일본은 서양의 등에 올라타 자신의 일을 했다. 그러나 친일파들은 일본의 등에 올라타 일본을 거들었다. 명성황후 시해에 가담한 우범선 같은 자들이 한 일

→ 고영근이 처단한 매국노 우범선의 가족사진.

이 바로 일본을 거드는 일, 일본의 앞잡이 노릇이었다. 그러므로 고영근이 우범선을 처단한 것은 친일파를 처단한 것이었고, 결국 일본에 맞선 것이었다.

고영근의 거사를 전해들었을 때 고종의 표정은 역사에 기록되지 않았다. 그가 무슨 생각을 했는지도 알 수 없다. 그러나 국내 송환 2년 뒤에 고영근을 사면한 것을 보면 결국 인정한 것이 아니었을까. 고영근은 역적이 아니라 의인이었다고. 그의 복수는 정당했다고. 1903년 11월 24일 밤에 고영근이 칼을 휘두른 순간, 그의 머릿속에 떠오른 생각 중에 하나만은 명확했을 것이다.

'명성황후를 위한 복수다!'

04

일본의
‘부동산 싹쓸이’를 막아내다

– 일본의 황무지 개간권 요구를 막아낸 송수만

나가모리 도키치로(長森藤吉郎)라는 일본인이 있었다. 전 대장성 관방장 출신인 그는 일본 정부의 ‘바지 사장’이 되려 했다. 일본의 목적은 단 하나. 조선 땅 대부분을 그의 명의로 확보하는 것이었다.

누군가 집을 1,000채 갖고 있다는 말을 들으면 입이 딱 벌어질 것이다. ‘여기서 저 끝까지 우리 땅’, ‘여기서 저 끝까지 우리 건물’이라는 말을 들어도 마찬가지일 것이다. 그런데 나가모리란 자는 ‘여기서 저 끝까지’ 정도가 아니라 백두에서 한라까지, 조선 땅 대부분을 소유하는 단계 직전까지 갔다. 하마터면 이 땅의 소유주가 ‘나가모리’가 될 뻔했다. 송수만(宋秀萬) 같은 사람이 없었다면 말이다.

백두에서 한라까지, 조선 땅을 삼키려는 야욕을 드러내다

•

1904년 5월 31일, 일본 도쿄에서 가쓰라 다로 총리대신 주재로 열린 내각회의에서 '대한방침(對韓方針)'이 의결됐다. 가쓰라는 불과 몇 달 전 '한국은 일본이, 필리핀은 미국이 차지한다'는 가쓰라-태프트 밀약을 맺은 당사자였다. 대한방침의 핵심은 이것이었다.

"제국은 한국에 대해 정사(政事)상 및 군사상에서의 보호의 실권을 거두고 경제상에서 더욱더 아(我)이권의 발전을 도모한다."*

정치와 군사보다 '경제'에서 일본의 이권을 더욱 도모하겠다는 것이다. 달콤한 경제협력의 이면에는 냉혹한 침탈의 야욕이 숨어 있었다. 같은 날 채택된 '대한시설강령(對韓施設綱領)' 제6조는 이것을 구체화했다. 과잉 인구를 한국에 이주시키고 식량 부족을 한국에서 해결하기 위해 "한국 내지를 개방"시킬 필요가 있다고 선언했다. 그 방책 중 하나가 이것이었다.

"관유 황무지에 대하여는 일개인의 명의로 경작과 목축의 특허 또는 위탁을 받아 제국 정부 관리하에 상당한 자격 있는 아방인(我邦人)으로 하여금 이를 경영케 하는 일."

---

* 국사편찬위원회가 발행한 『고종시대사』 제6권 참조.

→ 1894년 구한말의 서울 풍경.

대한제국이 소유한 황무지를 특정 일본인의 명의로 확보한 뒤, 다른 일본인들에게 분양하자는 계획이었다. 여기서 말하는 '일개인'이 바로 나가모리 도키치로였다. 1904년, 을사늑약 전해에 벌어진 이 거대한 음모는 지난 2024년 5월에 온 국민을 분노케했던 '라인 사태(일본 정부의 네이버 라인야후 지분 강제 매각 압박 사건)'와는 비교도 되지 않을 만큼 엄청난 것이었다.

'황무지'라는 허울 좋은 함정

•

1904년 7월 6일, 하야시 곤스케 주한일본공사의 외교 공문이

대한제국에 전달됐다. 나가모리와 그 상속인 또는 승계인이 50년 간 권리를 갖게 해달라는 요구였다. 기한 연장도 가능하게 해달라고 했다.

더 황당한 것은 벌칙 조항이었다. 50년 뒤 연장되지 않으면 투자 원금과 연 5% 이자를 일시불로 지급하라는 것이었다. 빌려주는 것도 아니고 빼앗는 것인데, 나중에 이권이 갱신되지 않으면 보상까지 해야 한다는 어거지였다.

'어차피 쓰지 않는 황무지를 일본인이 개간해주면 좋은 것 아닌가?' 이렇게 생각할 수도 있었다. 하지만 당시 사람들은 달랐다. 황무지냐 아니냐 하는 판단은 다분히 주관적이라는 것을 알았다.

주차장으로 쓰는 땅도 보기에 따라서는 황무지다. 일본이 한국 토지 대부분을 황무지 명목으로 집어넣고 강제로 가로채려 한다는 의구심이 팽배했다.

7월 10일, 봉상사(奉常司, 제사를 관장하는 부서) 부제조인 이순범이 국유지나 민유지 중에서 등록된 것은 10분의 1, 2에 불과하므로 일본의 요구를 들어주면 실질적으로 국토의 8, 9할이 황무지 명목으로 넘어갈 수 있다는 상소를 올렸다. 미등록 토지 대부분이 나가모리의 땅이 될 수 있음을 꿰뚫어본 것이다.

일본을 비판하는 상소가 빗발쳤고, 이에 힘입어 대한제국 정부는 일본의 요구를 거부하기로 결정했다. 하지만 일본은 압박의 강도를 높여갔다. 이 절박한 상황에서 등장한 인물이 송수만이었다.

송수만, 역사의 부름에 답하다

•

1857년 철종 시대에 태어난 송수만은 일본 군함 운요호가 강화도에서 도발을 일으킨 1875년에 18세의 나이로 무과에 급제했다. 『기려수필』*은 그를 이렇게 평하고 있다.

"품성이 기개가 있고 빼어나며 큰 뜻이 있었다."

---

* 국사편찬위원회가 1955년에 발행한 항일투쟁기.

송수만은 중추원 의관이라는 고위급 명예직까지 올랐지만 관료보다 지사(志士)라는 표현이 더 어울리는 사람이었다. 38세 때인 1895년에 명성황후가 시해되자 친일 대신들을 제거하려다가 실패한 일도 있었기 때문이다.

명성황후 시해 9년 뒤인 1904년 7월 13일에 송수만은 심상진, 원세성 등과 함께 보안회(輔安會)를 결성했다. 일본의 황무지 개간권 요구를 반대하는 국민운동을 벌이기 위해서였다. 보안회 창립총회 때 그는 종로 백목전*에 모인 100여 명의 청중을 상대로 황무지 대여의 부당성을 역설하면서 이에 동조한 친일 인사들을 성토했다. 이 집회는 대한제국 경찰과 일본 헌병들에 의해 강제 해산됐다. 하지만 송수만은 멈추지 않았다. 다음 날인 14일에도, 다시 이틀 뒤인 16일에도 집회를 열었다.

7월 16일에 서울에는 비가 내렸다. 궂은 날씨 때문에 집회 참석자가 많지 않았다.** 송수만은 그래도 연설을 이어갔다. 일본 경찰들은 집회장에 들어가 송수만을 강제 연행하려 했다. 대한제국 경찰이 이의를 제기하자 일경들은 몽둥이로 한국 경찰을 제압했다. 이 광경을 본 시민들이 일경들에게 달려들자, 이번에는 엉뚱하

---

* 백목전(白木廛)은 조선시대 서울 종로에 위치했던 면포(무명) 전매 시전으로, 비단전과 함께 조선 상업의 핵심 역할을 했던 곳이다.

** 1994년에 『사회와 역사』 제44권에 실린 신용하 서울대 교수의 논문 '구한말 보안회의 창립과 민족운동' 참조.

→ 1883~1884년에 찍은 북촌(재동)의 모습(위)과 19세기 말 경복궁 맞은편 거리의 모습(아래). 뒤편에 솟아 있는 산들이 '황무지'라는 명목으로 일본의 손아귀에 넘어갔을 수도 있었다.

게도 일본 기업인이 품에서 권총을 꺼내 발사했다.

탕!

일본 군경뿐 아니라 일본 민간인까지도 한국 땅에서 권총을 함부로 쏘아댈 수 있던 시절이었다. 그래서 멀쩡한 땅을 황무지라고 우기고 '황무지는 우리 땅'이라며 넘기라는 요구도 나올 수 있었던 것이다.

'황무지는 일본 땅'? 용서받지 못할 자들이로다!

•

자국 기업인이 총을 쏘아준 황당한 상황을 이용해 일경들은 송수만을 강제 연행하는 데 성공했다. 『기려수필』에 따르면, 끌려간 송수만은 한국 땅을 달라는 요구는 "우리나라 사람들을 고사시키기 위한 것"이라며 우방 간에 있을 수 없는 일이라고 일본 관헌들을 나무랐다.

송수만이 체포된 뒤에도 보안회는 투쟁 강도를 높여갔다. 고종이 집회 금지령에 이어 단체해산령까지 내렸지만 개의치 않았다. 7월 20일과 21일에도 대규모 집회를 열었고, 21일 집회 뒤에는 각국 공사관을 상대로 홍보 활동까지 벌였다. 이 문제를 글로벌 이슈로 만들려 했던 것이다.

집회가 엄청난 규모로 커져가자 일본은 군과 경찰, 헌병대까지 투입해서 막으려 했다. 하지만 한국 정부가 아닌 한국 대중이 궐기하는 상황을 감당할 수 없었다. 결국 일본은 송수만의 신병을

한국 경찰에 넘겨주며 한발 물러섰고 7월 30일에 고종은 일본의 요구를 들어줄 수 없다는 입장을 공식 천명했다.

나가모리 명의로 넘어갈 뻔했던 한국 땅이 송수만과 보안회, 그리고 수많은 민중들의 투쟁에 힘입어 지켜졌다. 비록 1908년 동양척식주식회사가 설립되면서 일본이 식민지 경영을 본격화하기 전까지 몇 년 동안이었지만, 적어도 그 순간만큼은 승리였다.

그 시절 일본 당국자들도 한일 경제협력을 입에 달고 살았다. 송수만은 그것이 '전면 침략'을 위한 사전 준비 작업임을 간파했다. 멀쩡한 땅을 황무지로 부르며 이를 개간해주겠다면서 접근하는 일본을 상대로 그처럼 강력한 투쟁을 벌인 것은 그런 위험성을 절감했기 때문이다.

　1904년의 항일투쟁 대열을 이끈 송수만을 대한민국 정부는 아직 독립유공자로 인정하지 않는다.* 만약 송수만이 없었다면, 보안회가 없었다면, 쏟아지는 빗줄기를 뚫고 종로에 모여든 수많은 민중이 없었다면 이 땅은 진작에 '나가모리의 땅'이 되어버렸을지 모른다.

---

* 송수만이라는 이름이 『독립유공자공훈록』 제22권에 나오지만, 이 송수만은 1890년 생의 의병 활동가다.

실록은 그를
'난의 수괴'로 기록했지만······

– 시흥군청 습격 사건을 이끈 민용훈

1904년 9월 14일 오후 3시경, 경기도 시흥군민 수천 명이 시흥군청을 습격했다. 50대의 남자가 앞장섰다. 시흥군 서면 일직리에 사는 민용훈(閔用勳)이었다. 관청에서 주사로 일했던 그가 항일운동의 선봉에 선 계기는 경부선 철도 부설이었다. 그는 이 사업에 담긴 일본의 탐욕에 맞서고자 군민들을 항일 무대로 끌어냈다. 『고종실록』은 그를 "난의 수괴[亂魁]"라고 기록했다.

1876년 강화도조약 이후 일본은 조선 땅 곳곳을 염탐했다. 밀정들이 지형을 조사하고 교통로를 파악했다. 1885년에는 마쓰다 고조(松田行藏)라는 자가 무려 4년에 걸쳐 경부선 노선을 답사했다. 마에지마 히소카(前島密)라는 자는 더 원대한 계획을 세웠다. 조선을 종단하는 철도를 만주로 연결하고, 중국 대륙을 거쳐 시베리

→ 1900년 경인선 개통 당시의 객차.

아를 지나 유럽까지 이어지는 유라시아 대륙 횡단 철도망. 그는 이 야심찬 꿈의 첫 단추가 조선 철도라고 역설했다.*

1894년 청일전쟁 이후, 일본은 본격적으로 움직였다. 1900년에 인천과 한양을 잇는 경인선이 개통됐다. 일본 병력과 군수물자를 실어 나르는 철로였다. 그리고 1905년에는 부산과 한양을 잇는 경부선이, 1906년에는 신의주와 한양을 연결하는 경의선이 개통됨으로써 일본은 한반도를 종횡으로 관통하는 철로를 완성했다. 이 철로는 단순한 교통수단이 아니었다. 한국을 지배하는 도구였고, 중국을 침략하는 사다리였다. 그리고 무엇보다, 조선인의

---

* 김의원 국토개발연구원장이 1983년 10월 21일자 「매일경제」에 기고한 '우리의 국토' 제24회 경부선 철도 편 참조.

땅과 노동력을 착취하는 통로였다.

일본의 철도 투자액도 천문학적이었다. 조선 통감부는 1906년 한 해 동안 철도 건설비와 개량비로 4,067만 2,159원을 투자했다. 1915년경 1,500km에 이르던 철도는 4년 뒤인 1919년 말에는 2,197km에 이르렀고 전국적으로 주요 간선 철도망이 완성되었다. 철도 운영 초창기인 1908년까지 조선의 철도는 적자였다. 하지만 1910년에는 33만 8,380원에 이르는 순익을 올렸고 1918년에는 370만 2,000원으로 상승했다.[*]

강탈당한 땅, 헐값에 팔린 노동

●

1898년에는 경부철도합동이 체결되어 일본이 부설권과 영업권을 독점했다. 조선은 철도부지를 무상으로 제공하고, 영업 이익에 세금도 물리기 않기로 했다. 무상 제공이라는 말은 땅 주인들이 제값을 받지 못했다는 뜻이다.[**] 대대로 경작하던 논밭을 빼앗겼고 보상은 없거나 턱없이 적었다. 땅을 잃은 농민들은 산으로 올라가 화전민이 됐다. 일부는 활빈당이 되어 화적질로 분풀이를 했

---

[*] 박진희, 〈우리역사넷〉 '식민지 약탈의 선봉에 선 철도'에서 인용. https://contents.history.go.kr/mobile/km/view.do?levelId=km_004_0030_0020_0030_0010

[**] 경부선 철도 특집 편인 1981년 6월 30일자 「매일경제」는 "철도 부설로 논밭을 잃은 농민들은 울화통이 터져 활빈당이 되어 화적질로 심사를 달래는 판국이었다."고 보도했다.

→ 경부선 남부 기공식(1901년 9월 21일).

다. 토지 소유자조차 도적이 되는 시대였다.

노동자들의 처지는 더 비참했다. 철도 공사에 동원된 조선인 노동자들의 임금은 같은 기술을 가진 일본인의 3분의 1밖에 안 되는 헐값이었다. 당연히 조선인 노동자들은 공사 참여를 기피했다. 그러자 일본은 조선의 지방정부를 압박했다. 군수들을 움직여 노동력을 강제로 동원하게 만들었다.

1904년은 아직 을사늑약이 체결되기 전이었고 군사동맹만 체결된 상태였다. 그런데도 일본은 조선의 토지와 노동력을 함부로 강탈하고 공권력까지 제멋대로 부렸다.

시흥군수가 불러온 일본인 석공들

•

시흥군민 수천 명이 궐기한 것은 그런 탐욕에 맞서기 위해서였다. 이들은 일본의 노동력 동원에 대해 시흥군이 협력하지 말 것을 요구했다. 군민들은 이를 위해 1904년 7월에 군청 앞에서 시위를 벌였다. 하지만 군수는 듣지 않았다. 오히려 더 악랄한 일이 벌어졌다. 노동자 모집 비용을 주민들에게 전가했다. 일본 철도를 위해 조선인을 강제로 동원하면서, 그 비용까지 조선인에게 물린 것이다.

민용훈이 지도자로 부각된 시점은 이때였다. 그해 9월 그는 주민들을 규합해 성토대회를 열었고, 이들을 데리고 관청으로 몰려가 논쟁을 벌였다. 그런데 시흥군청에서 논쟁이 벌어지던 중에 군수가 불러온 일본인 석공 10여 명이 장검과 철봉으로 주민들을 공격했다. 당연히 사상자가 발생했다. 이는 주민들을 더욱 격분시

켜 불상사를 확대시키는 원인이 됐다. 그해 10월 18일자 『고종실록』은 시흥군민들이 군수 박우양과 그의 아들, 그리고 외국인 2명을 죽였다고 알려준다. 외국인의 국적은 언급되지 않았지만 정황상 일본인이었을 것으로 생각된다.

의정부 참정 신기선이 아뢰기를, "(전략) 이번에 일어난 소란은 그 발단이 때 없이 부역군(賦役軍)을 강제로 모집한 때문이었습니다. 마침내 각 동리가 밤중에 통문(通文)이 나돌면서 관청 뜰을 대뜸 싸움판으로 만들었습니다. 부자(父子)가 동시에 칼에 찔려 죽고 심지어 외국인이 혼란통에 살해되기까지 하였으니, 참으로 전에 없던 변입니다. 군수는 제 잘못으로 하여 화를 입기는 하였지만 이미 참혹한 죽음을 당한 만큼 그대로 두고 논하지 말아야 할 것입니다. 민용훈과 성우경은 사실 난역(亂逆)의 두목인데 일본 사령부에 붙잡혀 갔다고 하니, 법부로 하여금 외부에 공문을 보내서 잡혀간 사람을 넘겨오도록 교섭하여 신문해서 속히 엄중한 법을 적용할 것입니다. (후략)" 하니, 윤허하였다.*

일본은 이 사건을 '대일본제국'에 대한 도전으로 간주했다. 그래서 한양 동대문에 주둔 중이던 일본 군부대를 동원해 주모자 체포에 나섰다. 위의 『고종실록』은 민용훈 등이 일본 사령부에 붙들려 갔다고 말한다. 일본군이 한국 정부를 제치고 민용훈 등을 직접 체포한 것은 이들의 궐기가 반정부투쟁보다는 항일투쟁에 훨씬 가까웠음을 잘 드러낸다.

일본이 강경 태도를 취하자, 조선 정부는 엄한 처벌을 약속하며 이들의 신병을 인도받았다. 민용훈은 태형 100대와 종신형을 받은 뒤 전라도 신안군으로 유배됐다가 1년 3개월 만에 풀려났다. 풀려난 이유는 알려지지 않았다.

민용훈이 남긴 메시지

•

'독립운동' 하면 총을 드는 무장투쟁이나 칠판 앞에 서는 애국계몽운동 등이 떠오르지만, 이 운동의 본질을 직접적으로 드러내는 것은 항일 노동운동이나 소작쟁의다. 일제가 한국을 침략한 근원적 목적은 일본 자본가들을 위한 경제적 착취였다. 그래서

---

* 1904년 10월 18일(양력) 『고종실록』 참조.

→ 1905년 1월 1일에 서울 영등포에서 열린 경부선 개통식 광경.

이 착취에 맞선 노동자·농민의 싸움이 독립운동의 본령을 가장 잘 보여줬다.

경부선 철도는 일제 침략을 상징적으로 보여주는 시설이다. 민용훈은 시흥군민들과 함께 목숨을 걸고 이에 저항했다. 그는 한국인들이 경부선 철도에 담긴 일본의 탐욕을 정면으로 거부했다는 흔적을 역사에 남겼다. 우리는 이 철도에 담긴 제국주의 침략의 의미를 훨씬 쉽게 인식하고 이에 대한 경각심을 가질 수 있게 됐다. 우리 역사에 이만한 메시지를 남겼다면, 독립유공자로 지정돼야 타당하다. 1895년에 활동한 사람들도 독립유공자로 지정되는 마당에, 1904년에 이런 활약을 했던 민용훈이 유공자로 지정되지 않을 이유가 있을까.

한국 대중의 노동력이 착취당하지 않도록 투쟁하는 것은 영토

→ 1924년 경성역 공사 현장.

와 영해를 지키는 것 이상의 사회 공헌이다. 군복을 입지 않고도, 봉급을 받지 않고도 그런 공헌을 아끼지 않은 사람들을 공식적으로 기억해야 공정한 사회가 될 수 있다. 민용훈 같은 인물의 이름이 독립유공자 명단에 없다는 것은 한국 사회의 공정성에 문제가 적지 않음을 시사한다.

죽지 마세요,
일제에 복수하세요!

– 일제 강점기의 '통쾌한 복수대행업체들', 을사오적 암살단

현대 사회에서 목숨을 빼앗는 복수는 대체로 국가의 전유물이다. 사적 복수는 금지된다. 국가는 보복과 재보복의 악순환을 막고 생명을 빼앗을 권리는 오직 자신에게만 있음을 각인시키고자 한다. 그래서 국가는 개인을 대신해 복수한다.

그러나 이 복수 대행은 완전하지 않다. 아니, 때로는 잔혹하리만치 불공정하다. 힘없는 자의 억울함은 묵살되고 권력자의 범죄에는 눈감는다. 진범은 유유히 거리를 활보하고, 억울한 제3자가 감옥에 갇힌다. 특권층이 저지른 범죄 앞에서 형사 시스템은 아예 작동을 멈춘다. 진범을 찾아 복수해주지 않고, 힘없고 만만한 제3자를 골라 감옥에 처넣거나 생명을 빼앗는 사례도 허다하다. 진범이 특권층 인사인 경우에는 형사 시스템이 아예 작동하지 않을 때도 있다. 그래서 예나 지금이나 대중은 국가의 형벌권 행사에 불만을 품는다.

1905년 11월 17일, 을사늑약이 강제로 체결되었다. 그날 밤 덕수궁에서 벌어진 일은 단순한 외교권 강탈이 아니었다. 1876년 강화도조약 이래 한국인들은 일본의 경제 침탈과 야만적 폭력에 신음했다. 1894년 동학혁명은 일본에 의해 훼방당했고, 같은 해 청일전쟁이 이 땅에서 벌어졌다. 1904년 러일전쟁 역시 인천 앞바다에서 시작되었다. 한국인과 한국 땅을 짓밟아온 일본이 더 큰 힘을 갖겠다며 억지와 횡포를 부린 것이 을사늑약이었다.

대한제국은 이에 대한 복수를 할 수 없었다. 정부가 이미 일제와 을사오적으로 대표되는 친일 매국노들에게 장악되어 있었기 때문이다. 국가가 자신을 위한 복수도, 민중을 위한 복수도 하지 못하는 상황. 바로 그때, 대중 속에서 '복수대행업체'들이 부상했다. 그들의 이름은 을사오적 암살단. 그중 가장 대담했던 두 그룹이 기산도 결사대와 자신회(自新會)였다.

기산도 결사대, 전직 선생님의 의열투쟁

•

1906년 2월 16일 밤, 서울 어느 저택. 담장 너머로 그림자 셋이 조용히 넘어왔다. 모두 가발을 쓰고 있었다. 그중 한 사람이 기산도였다. 1878년생, 전남 장성 출신의 스물여덟 청년. 기독교계 학교에서 학생들을 가르치던 전직 교사였다.

을사늑약이 체결된 바로 다음 날, 기산도는 곧바로 결사대를 조직하고 권총과 실탄, 단도 등 거사에 필요한 무기를 준비하기 시작했다. 그리고 석 달여가 지난 2월의 그날 밤, 그는 두 동지와 함께 을사오적 중 하나인 군부대신 이근택의 집에 잠입했다. 아이러니하게도 기산도는 이 집을 낯설어하지 않았다. 한때 사관생도 자격으로 이곳을 출입했던 적이 있었다. 그러나 오늘 밤 그는 대문이 아닌 담장을 넘었다.

새벽 1시경이었다. 궁궐에서 퇴근한 이근택은 6명의 방문객과 담소를 나눈 뒤 첩의 방으로 들어가 이 시각에 잠자리에 들었다. 얼마 뒤 3명의 그림자가 방문을 박차고 들어왔다.

그들은 이근택을 붙들고 칼을 휘둘렀다. 그러나 이근택은 완전히 제압되지 않았다. 그는 있는 힘을 다해 촛불을 껐다. 방 안이 순식간에 칠흑 같은 어둠에 잠겼다. 어둠 속에서 칼날과 비명소리가 난무했다. 머리, 어깨, 허벅지 등 이근택의 몸 10여 곳에 칼날이 파고들었다. 첩의 비명이 밤하늘을 갈랐다. 하인이 방으로 뛰어들었다가 그 역시 칼에 베였다.

소란을 듣고 저택을 지키던 병사 6명과 경위원 순검 4명이 달려왔다. 설렁줄 경보음을 듣고 일제 헌병과 경찰도 몰려들었다. 그러나 그때는 이미 세 사람이 담장을 넘어 사라진 뒤였다. 새벽 2시경이었다.

방 안은 이근택과 하인이 흘린 피로 온통 물들어 있었다. 이근택은 한성병원으로 급히 옮겨졌고 한 달간의 특별 치료 끝에 겨우 목숨을 건졌다.

기산도는 과거 이 집을 출입한 적이 있었지만* 이근택은 습격자가 누구인지 알아보지 못했다. 밤중에 가발을 쓴 데다, 애초에 이근택이 자기 집을 드나들던 사관생도를 눈여겨보지 않았을 수도 있었다.

수사의 실마리는 마루 위에 떨어진 가발 하나뿐이었다. 세 의사가 도주하던 중 떨어뜨린 것이었다. 이 단서 때문에 결국 기산도를 포함한 2명이 체포되었다. 그러나 기산도는 고문을 받으면서도 친일파들을 떨게 만들었다. 심문 과정에서 그는 말했다.

"동지가 800여 명이나 된다."

이 말에 매국적신들은 공포에 떨었다. 일본 헌병까지 끌어들여 집과 신변을 엄히 경계했다. 내방객에게는 반드시 명함을 받고 몸수색을 한 뒤에야 들여보냈다.

모진 고문과 악형을 견뎌낸 기산도가 출옥한 것은 1910년 이후였다. 그러나 그의 싸움은 끝나지 않았다. 1920년, 그는 임시정부에 군자금을 보내려다 일본 경찰에 또다시 붙잡혔다. 광주지방법원에서 징역 3년형을 선고받았다.

두 번째 옥고는 더욱 가혹했다. 심한 고문으로 다리를 다친 그는 절름발이가 되어 출옥했다. 이후 그는 이곳저곳 유랑하다가 전

남 장흥에서 쓸쓸히 생을 마감했다.

기산도 결사대의 항쟁은 김원봉의 의열단이 출현하기 이전, 초창기 의열투쟁의 상징이었다. 1905년 을사늑약과 1907년 대한제국 군대 해산이라는 치욕을 당하는 시기에 민영환, 홍만식, 조병세, 송병선, 박승환 등이 자결·순국으로 저항 의지를 표출했다. 같은 시기인 1906년, 기산도는 칼과 총으로 그 의지를 천명했다. 한국 의열투쟁의 맥을 형성하는 초창기 사건이었다.

을사오적 다섯 놈을 한꺼번에 처단하겠소

•

1907년 2월 3일, 또 하나의 복수대행업체가 탄생했다. 자신회(自新會). 2년 뒤 대종교를 조직하게 될 나철(나인영)이 오기호 등과 함께 결성한 단체였다. 결성 당시 회원은 200여 명. 기산도 결사대보다 훨씬 큰 규모였다.

단체 명칭의 의미를 담은 취지서를 작성한 이는 이기(李沂)였다. "남이 새로워지기를 기다리는 것이 아니라 우리 자신이 새로워진다." 그렇다면 어디서부터 시작해야 하는가? 우리 안의 썩은 것을 도려내는 일부터. 자신회가 벌인 첫 사업은 을사오적 처단이었다.

을사오적 5명을 한꺼번에 처단한다는 전대미문의 계획을 실행하기로 약속한 자신회 회원들은 1907년 3월 25일 아침 8시경, 각자 지정된 장소에서 대기하고 있었다.

경복궁 동십자각에서는 나인영과 오기호가 용사들을 거느리고

있었다. 그들의 목표는 참정대신 박제순. 광화문 해태석 앞을 지
날 때 처단하기로 했다. 돈의문(서대문) 안쪽에서는 이완용을 기다
리는 요원들이 새벽부터 자리를 지켰다. 사동(인사동) 입구에서는
권중현을 노리는 팀이 숨을 죽이고 있었다. 다른 2명의 오적을 향
한 자객들도 각자의 위치에서 그 순간을 기다렸다.

그런데 자신회의 의거는 계획대로 진행되지 못했다. 동십자각에
서 대기하던 요원들은 박제순이 교자를 타고 지나가는데도 주저
주저하다가 그만 놓치고 말았다. 한양 서대문인 돈의문 안쪽에서

새벽부터 대기했던 요원들은 이완용이 10시가 넘도록 나타나지 않자 잠시 목 좀 축이자며 길가 술집에 들어갔다가 그때 마침 이완용이 지나가는 바람에 놓쳤다.

한편, 인사동 쪽에서는 권중현에 대한 공격이 예정대로 단행됐다.

"양복을 차려입은 권중현이 인력거를 타고, 일본 병정 및 순사 6~7명은 총칼을 들고 그를 둘러싼 채 지나가고 있었다. 이홍래가 용기 있게 앞을 가로막고 권중현의 어깨를 잡고서 '역적은 네 죄를 알렸다'라고 꾸짖으며 협대(夾袋)에 간직한 육혈포를 찾았다. 그러나 불행히도 육혈포가 제때에 나오지 않았다. 권중현의 하인들이 일제히 이홍래를 붙잡았다. 그러자 동지 강원상이 육혈포를 꺼내 권중현을 향해 쏘았으나 권중현은 급히 피하여 길가의 민가로 들어가 문을 닫고 몸을 숨겼다. 강원상이 또 한 발을 쏘았으나 문이 닫혀 있어 맞지 않았다."*

이때 터진 총성이 한양 시내에 울려퍼졌다. 이는 을사오적 이지용과 더불어 기산도 결사대의 공격에서 살아남은 이근택이 사전에 공격을 피하는 원인이 됐다. 『독립운동사』는 "사동 어구의 총성은 서울 시민을 크게 놀라게 하였다."라며 "평소부터 신변을 조

---

* 앞의 『친일파 99인』에 실린 서영희 1993년 당시 서울대 강사의 기고문 '권중현: 친일로 한평생 걸은 대세영합론자' 참조.

→ 을사오적을 한꺼번에 암살하려 했던 자신회 동지들. 왼쪽부터 이기, 나철(나인영), 홍필주, 오기호.

심하던 이근택과 이지용은 이 총성에 깜짝 놀라 하인들을 시켜 사실을 알아보고 집 주위의 수비를 엄히 하며 나오지 않으니, 소기의 목적을 달성할 수 없게 되었다."고 설명한다.

자신회의 오적 처단은 권중현을 죽음의 문턱까지 가게 만드는 성과만 내는 데 그쳤다. 하지만, 자신회 멤버들은 결국 이 사건을 성공으로 귀결시켰다. 의열투쟁의 궁극적 목적은 대상자의 생명에 위해를 주는 데 있지 않았다. 공공의 적에 대한 공격을 세상에 알려 대중의 지지를 얻는 것도 그런 목적 중 하나였다. 이 점에서 자신회는 대성공을 거뒀다.

자신회의 의거는 결과보다는 계획의 대담성 때문에 대중의 환호를 받았다. 을사오적 다섯 사람을 백주대낮에 한꺼번에 처단하려 했다는 사실이 민중을 흥분시켰다. 이는 일제와 친일파로 인해 속을 태우던 당시 민중의 가슴을 어느 정도 후련하게 만들었다.

자신회는 또 다른 방법으로도 대중을 감동시켰다. 그 뒤에 또 다른 거사를 준비하다가 발각된 뒤에 나인영·오기호·김인식은 재판기관인 평리원에 가서 일종의 입장문을 내놓고 자수했다. 자현장(自現狀)이라 불리는 이 글에 이런 내용이 적혔다. 『독립운동사』에 실린 내용을 옮긴다.

"우리 3천리 강토와 2천만 생민이 비참한 지경에 빠지고 정권을 빼앗기며, 민족이 뭉그러져서 장차 나라가 없어지고 백성이 없어지게 된 것이 누구의 죄인가? 모두가 정부의 여러 간신들로 하여 이루어진 일이다. 전번 광무 9년 11월 17일에 당한 제국의 외교권을 거리낌 없이 넘겨주는 소위(所謂) 조약에 제마음대로 조인하였으니, 이 5적은 우리 황제의 신하가 아닐 뿐만 아니라 조종(祖宗)의 적신(賊臣)이요, 천하 만고의 원악(元惡)이다. 우리 대한의 신하와 백성된 자로서야 누가 그 고기를 먹고 그 가죽을 깔고 자려 하지 않을 것이랴? 그러므로 우리들이 분노를 참지 못하여 여러 간신들을 베이려다가 이루지 못한 것이다. 지금 잡혀 갇힌 사람들은 모두가 죄 없는 사람이다. 우리들이 그 죄를 달게 받겠다.”

자신회 지도부의 입장 표명은 평리원 관리들뿐 아니라 한양 사람들을 감동시켰다. 이 감동의 수준은 이들이 경무청으로 이송될 때 증명됐다.

“경무청으로 인도되어 갈 때에도 연도변의 시민들은 인력거를 타고 태연자약한 모습으로 호송되어 가는 그들을 쳐다보며 그들의 의거와 의기에 다시금 감탄해 마지 않았다.”*

자신회 회원 30여 명은 최고 10년에서 5년의 유배형을 받았다. 을사늑약으로 인한 대중의 분노를 어느 정도 달래줬으니 이들의 복수 대행은 상당한 성공을 거둔 셈이 됐다.

---

* 『독립운동사 제7권 : 의열투쟁사』 참조.

07

민간인 학살을 목격한 선교사,
눈 감고 귀 막지 않았다

− 한국인 돕다가 추방된 엘머 케이블

1908년 어느 가을날, 충청남도 공주 사자골로 일본군이 3명의 기독교 신자를 끌고 갔다. 일본군 병사들은 명령에 따라 불행한 희생자들의 가슴을 겨냥했다. 총소리가 멎고 나서 앞으로 나아가 시체들을 총검으로 찔렀다.

비슷한 일이 문위에서도 일어났다. 14명이 일본군에게 잡혀 총살형을 당했다. 죄목은 '의병들에게 식량을 제공했다'는 것이었다. 그들 가운데 한 신실한 신자가 있었다. 그는 자신은 결백하다고 외쳤지만 다른 사람들과 같이 나무에 묶여 총살당했다.

이 학살을 목격한 미국인 선교사가 있었다. 그의 이름은 엘머 케이블. 그는 이 만행을 '박해'라는 항목을 따로 설정해서 연례 보고서에 기록했다.

믿었던 미국, 고종의 뒤통수를 치다

•

을사늑약으로 대한제국은 고립무원에 빠졌다. 국제사회는 외교권을 빼앗긴 쪽이 아니라 빼앗은 쪽을 편들었다. 1882년 조미수호통상조약(한미수호통상조약) 체결 이래로 고종 황제가 가장 크게 믿었던 우방은 미국이었다. 그런데 바로 그 미국이 을사늑약 때 가장 시원하게 배신했다.

미국 감리교 선교사 호머 헐버트에 따르면, 을사늑약을 강제 체결한 일본 정부는 조선이 자발적으로 일본의 보호통치를 수락했다고 워싱턴에 통고했다. 미국 정부는 조선의 의견을 들어보지도 않고 일본의 주장을 정당화했다. 또한 즉시 서울에 있는 공사관을 철수시키고 앞으로 조선과의 외교 업무는 도쿄를 통해 다루어질 것이라고 워싱턴의 조선공사관에 통고했다.* 을사늑약이 체결된 후 주한공관을 제일 먼저 철수시킨 나라, 그리고 을사늑약을 가장 먼저 응원한 나라가 바로 미국이었던 것이다.

고종 정부와 체스터 아서 행정부가 체결한 조미수호통상조약 제1조는 '제3국이 조선이나 미국을 억압하거나 부당하게 대하면 다른 쪽이 원만한 타결을 위해 주선을 해줘야 한다'고 규정하고 있다. 을사늑약 뒤에 고종은 이 약속에 희망을 걸고 호머 헐버트를 통해 시어도어 루스벨트 대통령에게 친서를 보냈다. 하지만 루

---

* 호머 베절릴 헐버트, 『대한제국 멸망사』(2019) 참조.

스벨트는 공사관 철수 조치를 발표할 때까지 친서를 접수하지 않았다. 고종의 요청서를 '안 읽음' 상태로 무시했던 것이다.

비정하고 비겁한 미국인 선교사들

•

비정한 태도는 미국인 선교사들에게서도 나타났다. 선교사들 사이에 암묵적 합의가 있었다. 교회의 성장을 위해 일본을 자극하지 말고 정치를 멀리하자는 것이었다. 심지어 '고종의 밀사'로 조선을 도운 헐버트를 비난하기도 했다. 한국인들을 구원한다며 한국에 건너와서 활동하던 선교사들이 절체절명의 위기에 빠진 이 땅을 외면한 것이다.*

을사늑약을 목격한 선교사들 중에는 한술 더 뜨는 이들도 있었다. 초대 통감 이토 히로부미의 팬들이었다. 선교본부의 행정가와 한국 주재 선교사들은 이토를 세련되고 품위 있는 신사, 탁월한 정치인으로 여겼다.**

이토 히로부미는 1885년 12월 22일 일본 초대 총리대신이 됐다. 바로 그해 3월 16일, 후쿠자와 유키치가 아시아를 벗어나 서구와 함께하자는 탈아론을 발표했다. 일본이 서구화 노선을 걸을 때 그 나라를 이끈 지도자가 이토였으니, 서양인들의 눈에는 그가

---

* 김동진,『파란 눈의 한국 혼 헐버트』(2010) 참조.

** 류대영,『한 권으로 읽는 한국 기독교의 역사』(2018) 참조.

→ 고종의 밀사로 조선을 도운 미국 선교사 호머 헐버트.

우호적인 인물로 비칠 수밖에 없었다.

역사상 최악의 인간 착취 시스템인 제국주의의 선봉장에 대해 성직자들이 호감을 보였던 것이다. 을사늑약 이후로 일제 침략이 더욱 노골적이 되자, 그제서야 서양 선교사들은 일왕 숭배가 자신들의 유일신 신앙과 충돌하는 현실을 체감하게 됐다. 그러기 전까지, 선교사들은 서구 제국주의의 가치관을 한국에 확산시키는 이토 히로부미를 우군으로 생각했다.

19세기 서양 선교사들은 소속 교단의 교세 확장을 우선시한 나머지, 자신들의 해외 선교가 자국 자본가들의 제국주의 팽창에 악용되는 현실을 외면했다. 자신들과 현지 정부의 마찰이 자국 군대에 침공의 빌미를 제공하고, 자신들의 서양 가치관 전파가 자국 자본가들의 아시아·아프리카 착취에 악용되는 현실을 외면했다.

이런 분위기에서도 호머 헐버트처럼 일제를 비판한 미국인 선교사들이 있었다. 엘머 케이블(Elmer M. Cable, 1874~1949)도 그중 한 사람이다. 엘머는 이토를 좋아하지 않았다. 일제의 한국 침략을 못 본 척하지도 않았다. 그는 1874년 시카고 서쪽 아이오와주에서 태어났다. 미국이 조선과의 신미양요에서 패한 지 3년 뒤였다. 코넬대학을 졸업한 1899년에 감리교 집사목사가 된 그는 그해 9월 한국에 도착했다. 그의 나이 25세였다.

기이부(奇怡富)라는 한국 이름을 사용한 케이블은 처음에는 배재학당 교수로 일했다. 그 뒤 평양, 인천, 해주, 연안, 강화, 시흥, 부평, 남양, 공주 등지에서 활동했다. 1902년에는 집사목사에서 장로목사가 됐다.*

케이블은 한국의 일제에 의한 국권 상실에 비분했다. 한국인을 이해하고 동조하는 입장을 취했다. 한국인의 교육을 통한 실력 배양의 중요성을 강조했다.

그리고 1908년 3월 공주지방감리사로 재직하다가 그해 가을, 공주 지역에서 일어난 일본군의 학살을 목격했던 것이다. 그가 연례 보고서에 보고한 글을 보자.**

"지난 가을 난리가 일어났을 때 목천에 있는 우리 신자들은 심한 고난을 받았다. 안내 병천에 있는 우리 교회가 일본군에 의해 전소되었고, 이곳에서 몇 리 밖에 있는 사자골에서는 3명의 신자가 일본군에게 붙잡혀 총살형을 당했다. 명령에 의하여 일본 병사들

---

* 〈기독교대한감리회 역사자료 검색서비스〉 참조.

** 『동서인문학(구 인문학연구)』 2008년 제41집에 실린 전재홍의 논문 '을사늑약 전후 시기의 재한 선교사들의 대응과 역할' 참조.

→ 오토바이를 타고 서울 거리를 지나는 엘머 케이블(오른쪽).

은 불행한 희생자들의 가슴을 겨냥하였다. 총성이 멎고 나서 병사들은 앞으로 나아가서 시체들을 총검으로 찔렀다.”

케이블은 “비슷하고 아주 놀라운 일이 문위에서도 있었다.”라며 일본군이 의병이 아닌 일반인들에게 부역 혐의를 씌워 총살했다고 보고했다.

“이곳에서는 총을 들이대고 강요하는 반란자·의병들에게 식량을 제공했다는 죄목으로 14명이 일본군에게 잡혀서 총살형을 당했다. 그들 가운데 한 신실한 신자가 있었는데, 그의 결백하다는 간청에도 불구하고 나머지 사람들과 같이 나무에 묶여서 총살형을 당했다."

케이블이 일제 만행을 보고서에 담은 것은 감리교 차원의 대응이 필요하다는 판단에서였을 것이다. 그러나 이 보고서는 회의록에 부록으로 실렸을 뿐, 친일적인 감독 해리스가 주재하는 회의에서는 논의조차 되지 못했다.

미국인이 아니었다면 서대문형무소에 갔을 사람

●

1904년 러일전쟁을 전후해서 기독교 교세가 크게 늘어났다. 이는 선교사들이 을사늑약 때 몸을 움츠리게 만드는 한 가지 요인이 됐다. 교세가 확장되는 호시기에 일제 당국과 충돌할 필요가 없다는 판단이 작용했다.

케이블도 그 점을 모르지 않았다. 1904년 선교회 제20차 연회 보고서에 따르면, 그 전해에 늘어난 신자 수 3,000명은 전체 신자의 42%였다. 이 중 약 90%가 러일전쟁 이후에 늘어났다.* 케이블은 "우리는 지금, 우리 앞에 열려 있는 훌륭한 기회와 성공에 당황하고 있다."고 발언하기도 했다.

교세 확장의 필요성을 절감한 대부분의 선교사들은 제국주의의 한국 침략을 외면했지만, 케이블은 그런 필요성을 인식하면서

---

* 이정은, 『3·1운동의 얼: 유관순』(2016) 참조.

도 일제 만행을 고발하는 것을 주저하지 않았다. 미국인이 아니었다면 서대문형무소를 자주 들락거렸을 것이다.

케이블은 협성신학교 교수·교감·교장과 연희전문학교 교수 등을 역임하면서 일제 강점기를 보냈다. 1940년, 조선총독부가 서양 선교사들을 추방했다. 일본의 중국 독점 야욕이 노출된 1931년 만주사변을 계기로 일본과 서구의 협조관계에 금이 간 결과였다. 케이블은 무려 41년동안 머물렀던 정든 한국 땅을 어쩔 수 없이 떠나야 했다.

1905년에 외교권을 빼앗긴 한국은 조미수호통상조약 제1조에 희망을 걸고 미국에 도움을 청했다. 미국 정부와 미국인 선교사 대부분은 고개를 돌렸다. 이런 속에서 호머 헐버트와 마찬가지로 엘머 케이블은 제1조를 개인 차원에서라도 이행하고자 애썼던 몇 안 되는 미국인이었다. 이들은 한국 선교뿐 아니라 한국 독립을 위해서도 열정을 바쳤다. 엘머 케이블은 독립유공자로 지정되지는 않았다. 하지만 일제의 만행을 고발한 그의 용기와 휴머니즘만은 기억되어야 마땅하지 않을까.

수상한 '만주국 이사관,' 친일파로 오해받다

─ 2·8독립선언 주도하고 여운형의 정보원으로 일한 최근우

1919년 2월 8일, 도쿄 조선기독교청년회관에 600여명의 조선 유학생들이 모였다. 그들은 대담하게도 제국주의 일본의 수도 한복판에서 식민 지배의 멍에를 벗어던지겠다는 의지를 공개적으로 천명했다. 이들이 낭독한 독립선언서에는 3·1독립선언서에도 없는 대담한 구절이 들어 있었다.

"전항의 요구가 실패할 시는 오족은 일본에 대하여 영원의 혈전을 선함."

독립을 방해한다면 영원한 전쟁을 벌이겠다는 선전포고였다. 『독립운동사 제3권: 삼일운동사(하)』는 "일제 통치권력의 심장

부"라는 표현을 써가며 "호랑이 굴에 들어가서 호랑이와 싸우는 격"이었다고 이 사건을 높이 평가한다. 일본이 호랑이 같은 국가는 아니므로 '늑대 굴'이라고 바꿔야 이 사건의 역사적 의의가 명확해진다. 일제라는 늑대의 소굴에 들어가 늑대와 싸우는 것이 아니라, 늑대 굴 속에서 늑대를 면전에 두고 꾸짖는 일. 이것이 바로 2·8 독립선언이었다. 그 중심에 22살의 최근우가 있었다.

학생은 혁명운동의 선봉, 대학 캠퍼스는 혁명의 중심

•

20세기 한국 역사를 움직인 3·1운동, 6·10만세운동, 4·19혁명, 6월항쟁 등에서는 학생들이 운동의 주력부대가 됐다. 유럽에서는 이 현상이 다소 빨랐다. 마틴 립셋 스탠퍼드대 교수는 "정치에 있어서 학생들이 차지하는 중요성과 학생행동주의(student activism)에 대한 관심은 이미 19세기 중반부터 시작되었다"라며 이렇게 기술한다.[*]

"1848년의 독일과 오스트리아에서의 혁명은 학생들의 주도에 의한 것이었으며, 학생들의 행동주의는 교수의회를 자극하여 여러 군주국가에 위협을 주기도 하였다. 러시아제국에서는 학생들이 여

---

[*] 한국 세계평화교수협의회가 1985년에 발행한 『광장』 제140호 '세계의 학생운동과 정치참여' 기고문 참조.

러 차례에 걸쳐 혁명운동의 선봉에 나섰으며, 대학의 캠퍼스는 혁
명의 중심이었다."

한국에서는 1919년 2·8독립선언이 학생행동주의의 신호탄이
었다. 이 사건은 3·1운동을 비롯해 그 이후 학생운동의 정신적
지주가 됐다. 최팔용, 서춘, 송계백과 최근우 등이 주도한 이 사건
은 3·1운동에도 직접적 영향을 끼쳤다. 이 가운데 최팔용, 서춘,
송계백 등은 독립유공자로 지정됐다. 하지만 최근우는 핵심 인물
인데도 지정되지 않았다. 심지어 한때는 '친일파'로 오해받기까지
했다.

개성 소년, 일본 제국의 명문교에 들어가다

●

최근우는 1897년 경기도 개성에서 태어났다. 16살의 나이에 단신으로 일본으로 건너간 그는 1913년 또는 1914년 무렵, 도쿄고등상업학교(현 히토쓰바시대학)의 문을 두드렸다. 당시 이 학교는 제국 일본의 엘리트를 양성하는 명문이었다. 조선 소년 최근우가 배운 것은 상업이나 경제학만이 아니었다. 그는 억압받는 조국의 현실을 직시했고 저항의 방법을 모색했다. 늑대 굴 안에서 반늑대 활동을 시작한 것이다. 일본 경찰은 그를 '요시찰 을호'로 분류해 감시하기 시작했다.* 위험인물 등급 중 두 번째에 해당하는 이 분류는 그가 이미 일본 당국의 눈 밖에 났음을 의미했다.

최근우는 2·8독립선언 전에 이미 학생행동주의의 필요성을 확산하는 일에 참여했다. 넉 달 전인 1918년 10월 5일, 도쿄 조선기독교청년회관에서 웅변대회가 열렸다. 최근우는 단상에 올라 한국과 일본을 비교하며 청중에게 물었다.

"토지도 가옥도 타인에게 빼앗겨 거의 한 조각의 땅, 한 칸의 가옥도 지키지 못하고 사방으로 떠돌아다니게 된 사회는 어떤 사회인가? 다른 사회는 매년 그 부를 증가시키고 병력을 키우고 판도를

---

* 『사학연구』 제140호(2020년)에 실린 윤소영 독립기념관 한국독립운동사연구소 연구위원의 '인적 네트워크를 통해 본 최근우의 활동과 정치사상' 참조.

확장하고자 모든 수단과 방법을 강구하여 혹은 국민을 희생하고
국가의 재산을 소비하고 전쟁을 일삼고 있는 오늘날, 자신의 것을
빼앗겨도 만족하고 있는 사회가 어디 있는가?"

적지에서 도발을 일으킨 최근우와 동지들은 독립선언 발표를
목표로 대담한 행동을 이어 나갔다. 12월 29일과 1월 6일에도 웅
변대회는 계속됐다. 그리고 1919년 1월 7일, 준비위원회가 구성됐
다. 최근우, 최팔용, 서춘, 송계백을 포함한 11인이 준비위원으로
역사에 길이 남을 한 달 뒤의 사건을 준비했다. 최근우는 다시 경
시청에 불려가서 주의를 받았지만 일본 당국의 경고 따위는 무시
했다.

2월 8일, 그날 상하이로 망명하다

•

1919년 2월 8일 오후 1시. 도쿄의 조선기독교청년회관에서 독
립선언 선포식이 열리고 독립선언서가 낭독됐다. 일제는 이미 정
보를 입수하고 있었다. 경시청 병력 10여 명과 경찰서 병력 30여
명이 투입됐다. 선언서 낭독이 끝나자마자 격투가 벌어졌다. 학생
들과 경찰 사이에 몸싸움이 일어났고 양측 합쳐 20명가량의 부
상자가 발생했다. 최근우도 체포됐다.

그런데 어찌된 일인지 최근우는 그날 바로 풀려났다. 그는 그길
로 상하이로 탈출했다. 3월 상순경에 일제는 '최근우가 한국으로

宣言書

全朝鮮靑年獨立團은 我二千萬朝鮮民族을 代表하야
正義와 自由의 勝利를 得한 世界萬國의 前에 獨立을 期
成하기를 宣言하노라
四千三百年의 長久한 歷史를 有하는 吾族은 實로 世界最
古文明民族의 一이라 비록 有時乎 支那의 正朔을 奉한 事
는 有하얏스나 此는 朝鮮皇室과 支那皇室과의 形式的外交
的關係에 不過하얏고 朝鮮은 恒常 吾族의 朝鮮이오 一次도
統一한 國家를 失하고 異族의 實質的 支配를 受한 事 無하니라
日本은 朝鮮에 日本과 脣齒의 關係가 有함을 自覺함이라하야
마 一千八百九十五年 日淸戰爭의 結果로 日本이 韓國의 獨
立을 率先承認하얏고 英、米、法、德、俄等諸國도 獨立을
承認할뿐더러 此를 保全하기를 約束하얏도다 韓國은 그 恩
義를 感하야 銳意로 諸般改革과 國力의 充實을 圖하얏도다
時俄國의 勢力이 南下하야 東洋의 平和와 韓國의 安寧을
威脅함애 日本은 韓國과 攻守同盟을 締結하야 旧俄戰爭을 開하니
東洋의 平和와 韓國의 獨立保全은 實로 此同盟의 主旨와 韓國
土權의 威嚴맛지 犧牲하야도 可能한 오직 義務를 다하얏스나
읍더욱 그 好誼에 感하야 陸海軍의 作戰上 援助는 不能하얏스나
和와 韓國獨立의 兩大目的을 追求하얏도다 及其戰爭이 終
結되고 當時米國大統領 루쓰벨트 氏의 仲裁로 日俄間에 講和

나가 독립운동을 했을 뿐 아니라, 시베리아까지 가서 독립운동을
하고자 했다'고 경찰 문서를 통해 정리했다. 닭 쫓던 개 꼴이 된
일제는 그를 놓친 것을 안타까워하면서 '을호 요시찰 인물'에서
'갑호 요시찰인물'로 격상했다.

수상한 '만주국 이사관'? 여운형의 정보원이었다!

•

상하이에 도착한 최근우는 4월 11일 수립된 대한민국임시정부
에 합류했다. 임시의정원 의원이 되었고, 「독립신문」 기자로 활동

했다. 그리고 그곳에서 여운형과 운명적으로 만났다.

여운형은 파리평화회의에 한국 대표 김규식을 파견하는 등 국제적 주목을 받고 있었다. 일본 하라 다카시 내각은 3·1운동으로 들끓는 민심을 달래기 위해 여운형을 도쿄로 초청했다. 최근우는 그의 수행원이 되어 도쿄를 방문했다. 석 달 전 아슬아슬하게 탈출했던 바로 그곳으로 다시 돌아간 것이다.

최근우는 여운형의 일거수일투족을 기록했다. '여운형씨 일행 도일기'라는 제목으로 「독립신문」에 연재된 이 기사는 단순한 취재를 넘어선 것이었다. 최근우는 여운형의 측근이 되어가고 있었다. 이 인연은 평생 지속될 운명이었다.

최근우는 1920년 5월부터 7년간 여운형의 권유로 독일과 프랑스에서 유학한 뒤 국내에서 잠시 청년운동을 하다가 1930년부터 1944년 무렵까지 만주에서 활동했다. 여운형의 정보원이었던 그는 일제 괴뢰국인 만주국에서 이사관으로도 활동했다. 이 '문제적' 이력 때문에 2008년에는 친일인사 4,476명에 포함됐다.* 하지만 여운형과의 관계가 밝혀져 2009년의 『친일인명사전』에는 등재되지 않았다. 최근우는 친일파로 가장하여 항일운동을 했던 독립운동가였던 것이다.

1945년 8월 15일, 해방이 찾아왔다. 최근우는 즉시 여운형과 함께 조선건국준비위원회를 조직했다. 하지만 좌우 이념 대립이

---

* 2008년 4월 29일 민족문제연구소와 친일인명사전편찬위원회가 발표한 명단.

→ 1945년 9월, 미군을 환영하는 인천 제물포 지부 조선건국준비위원회.

격화되면서 1919년 3·1운동 이념에 기초한 새로운 나라를 세우는 길은 험난했다. 1947년 7월 19일, 여운형이 암살당했다. 최근우는 스승이자 동지를 잃었다. 하지만 그의 신념은 꺾이지 않았다. 1960년 4·19혁명이 일어나자 그는 혁신계 인사들과 함께 사회당을 결성했다. 그리고 1961년 5월 16일, 군사 쿠데타가 발생했다. 박정희가 이끄는 군부는 권력을 장악했다. 쿠데타 한 달 뒤인 6월 15일, 최근우는 체포됐다. 용공세력이라는 누명이었다.

1961년 8월 29일, 이른바 혁명재판의 첫 공판이 열렸다. 그런데 최근우는 나타나지 않았다. 사회당 당무위원장 문희중이 재판장에게 물었다.

"최근우 위원장이 왜 보이지 않느냐?"

질문에 대한 대답은 재판장이 아닌 검사가 했다.

"지난 8월 3일 하오 10시 15분경 지병인 위장병이 악화되어 형무소 병감에서 사망하였다."

2·8독립선언 주역이었던 최근우는 박정희 군사정권의 핍박을 받다가 이렇게 옥중에서 삶을 마감했다. 향년 64세였다.

최근우는 독립유공자로 지정되지 않았다. 2·8독립선언의 핵심 인물이었음에도 그랬다. 해방 직후 여운형과 함께 건준 및 근로인민당에 참여했던 그는 사회당을 결성했다는 이유로 용공세력으로 몰려 체포되어 옥중에서 병사했다. 해방 이후 여운형과 함께한 행적 때문에 그의 공로가 제대로 인정받지 못하고 있다. 중도세력마저 빨갱이로 몰던 시대의 희생자 아닌가. 최근우가 썼던 '친일파' 누명은 벗겨졌다. 이제는 '빨갱이' 누명을 벗고 독립운동가로서의 명예를 회복해야 할 시간이다.

넝마주이로 둔갑해
동에 번쩍, 서에 번쩍

– '홍길동'이라 불린 전설의 독립운동가 이관술

"무죄."

2025년 12월 22일, 서울중앙지방법원 법정에 재판장의 선고가 울려 퍼졌다. 79년 만의 무죄 선고였다. 그러나 그 판결의 당사자는 이미 75년 전인 1950년 7월 3일, 대전 골령골에서 총살당해 이 세상에 없었다. 이관술. 일제 강점기 내내 홍길동처럼 신출귀몰했던 독립운동가가 너무나 늦게 억울한 누명을 벗은 순간이었다.

그가 벗어던진 죄명은 '위폐 사건'이었다. 1946년 미군정이 발표한 이 사건은 조선공산당이 1,200만 원어치의 100원권 위폐를 제조했다는 내용이었다. 쌀 한 가마니가 600원이던 당시에 1,200만 원이면 2026년 현재 가치로 약 55억 원에 달하는 거액이었다.* 박헌영의 조선공산당이 이렇게 거액의 가짜 돈을 찍어냈다는 것이 군정청의 발표였다. 그러나 이 '위폐 사건'에는 치명적인 결함이 하나 있었다. 위폐가 단 한 장도 발견되지 않았다는 것이다.

위폐 없는 '위폐 사건'

●

1946년 5월 15일, 미군정은 조선정판사 위폐 사건을 전격 발표했다. 해방 직후인 1945년 10월부터 1946년 2월까지 조선공산당 간부들이 조선정판사 직원들과 함께 정판사 인쇄 시설을 활용해 100권 지폐를 위조했다는 것이었다. 사건 발표 나흘 뒤, 제2대 군정장관이 직접 나서서 사건을 설명했다.

> "공산당 본부로 사용하는 건물을 제외한 근택빌딩을 폐쇄했다. 그 건물에는 근택인쇄소가 포함되어 있는데, 그곳이 위조 지폐 행위의 중심지였음이 판명되었고 그 인쇄기는 위조 지폐 인쇄에 사용되었다."

---

* 1945년 12월 7일자 「조선일보」 2면 좌상단은 일반 소비자들이 겪는 쌀값 불안을 설명하면서, 일부 업자들이 일본에 밀수출하고자 600원짜리 한 가마니를 6,000원에 사들이고 있다고 보도했다. 이 시점에 상당수 지역에서 쌀 한 가마니가 600원에 거래되고 있었다. 한국농수산식품유통공사의 통계에 따르면, 2025년 10월 2일 기준으로 쌀 한 가마니의 소매 가격은 27만 3,740원이었다. 1945년 12월에 비해 456.2배 되는 금액이다. 쌀값 변동만을 놓고 보면 현재 가치로 54.7억 원 정도의 화폐가 위조됐다는 이야기가 된다.

이 기묘한 사건은 조작이다, 아니다 의견이 분분했다. 수사 과정은 더 기묘했다. 경찰은 조선공산당 본부, 해방일보사, 조선정판사, 피의자들의 집 등 관련 장소를 샅샅이 수색했지만 위폐를 단한 장도 찾아내지 못했다. 무려 12만 장이나 제조했다는데 증거가 없었던 것이다.

증거를 찾지 못해 골머리를 앓던 경찰은 묘안을 짜냈다. 이관술과 함께 체포된 조선정판사 기술과장 김창선(당시 36세)을 은행으로 데려가 "네가 만든 지폐를 찾아내라."고 명령한 것이다. 김창선은 100원권 2장을 골라냈다.* 그러나 이것들은 시중에 멀쩡히 유통되던 진짜 돈이었다. 5월 15일 발표 현장에서 공개된 100원권은 고작 9장, 최종적으로 확보한 지폐도 33장에 불과했다.** 모두 은행에서 가져온 진짜 돈들이었다.

조선정판사 인쇄주임 신광범은 법정에서 외쳤다.

"경찰의 고문으로 허위자백을 했습니다. 압수된 조판으로는 압수된 위폐가 나올 수 없습니다. 위폐에 사용됐다는 종이와 정판

---

* 이 장면은 이 사건 변호인 백석황의 최후변론을 담은 1946년 11월 1일자 「동아일보」에서 확인된다.

** 『역사비평』 2016년 제114호에 실린 임성욱 한국외대 특임강의교수의 논문 '조선정판사 위조지폐사건의 재검토'에 따르면, 최종적으로 입수된 지폐는 33장이다. 이 논문은 "경찰은 조선공산당, 해방일보사, 조선정판사, 김창선의 집 등을 수색했지만, 어디에서도 위조 지폐를 발견하지 못했다."고 한 뒤 "100원권 12만 장이라는 엄청난 양의 위폐를 제조했는데도 단 1장의 위폐도 발견하지 못했다는 것은 사건의 진위에 대한 의혹을 불러일으키기에 충분"했다고 지적한다.

사에서 압수된 종이의 재질이 다릅니다."

변호인도 단언했다.

"이 사건은 모략에 불과합니다."

하지만 서울지방법원은 미군정의 손을 들어줬다. 1946년 11월 28일, 재판장은 검사의 구형을 그대로 받아들여 이관술, 박락종, 송언필, 김창선에게 무기징역을 선고했다. 신광범, 박상근, 정명환은 징역 15년, 김상선, 김우용, 홍계훈은 징역 10년을 받았다. 대법원이 상고를 기각하면서 판결은 확정됐다.* 증거 없는 유죄 판결이 확정되는 순간이었다.

일제 강점기판 홍길동

•

이 사건으로 가장 큰 타격을 받은 사람은 이관술이었다. 1902년 울산에서 태어난 그는 도쿄고등사범학교 지리역사과를 졸업하고 동덕여자고등보통학교(훗날의 동덕여중·동덕여고)에서 교사로 일했다. 하지만 그는 '문제적 교사'였다. 이관술은 학생들에게 항일 독립의 가치를 가르쳤다. 그는 동맹휴학과 독서회 활동을 기획했고, 당시 언론은 이를 '적화운동'이라고 매도했다. 학교 밖에서도 그는 노동쟁의와 공산당 활동을 통해 항일투쟁을 이어갔다. 근로대중이 일

---

* 일제가 전시 체제에서 도입한 2심제가 그대로 유지되는 바람에, 항소 없이 곧바로 대법원에 상고했지만 1947년 4월 11일 기각됐다.

본 제국주의 반대투쟁의 선두에서 싸우는 층이라는 것이 그의 신념이었다.*

이 때문에 그는 늘 일제의 감시와 추적을 받았다. 감옥도 여러 차례 드나들었다. 1933년에 검거되어 이듬해 가석방되었고, 1941년에 다시 검거되어 2년 뒤 풀려났다. 그의 삶을 표현한 "조국엔 언제나 감옥이 있었다"**는 말은 과장이 아니었다. 그와 그의 동료들에게는 감옥이 항상 가까이 있었던 것이다.

그런데 언제나 감옥 가까이 있기는 했지만, 실제 감옥에는 그렇게 오래 있지 않았다. 이는 상당부분 그의 신출귀몰함 덕분이었다. 반듯한 선생님 이미지와 어울리지 않게 그에겐 홍길동 같은 면모가 있었다. 1937년 7월 19일 밤, 중일전쟁 발발 직후 서울 영등포경찰서 순사가 여의도에서 그를 발견했다. 하지만 이관술은 "쏜살같이 어둠 속으로 사라졌다." 산속도 아닌 작은 섬에서 경찰의 추격을 그렇게 민첩하게 따돌린 것이다.

그런데 이날 상황에 관한 이관술의 기억은 다소 다르다. 그는 자신이 그날 체포되었다고 기억했다. 9년 뒤에 나온 「현대일보」 보도에 따르면, 그날 그는 여의도 교량을 지나다가 순사에게 붙들

---

* 이관술은 국사편찬위원회의 『자료 대한민국사』 제1권에 실린 1945년 12월 12일자 「서울신문」 인터뷰에서 "일본 제국주의 반대투쟁에 있어서 가장 선두에서 싸웠으며 또 앞으로 진정한 민주주의적 국가를 건설하기 위하여 일본 제국주의의 잔재와 싸우는 데 있어서도 가장 철저하고 용감한 층이 근로대중"이라고 평가했다.

** 1946년 4월 19일자 「현대일보」에 실린 이관술의 항일 경험담 기사 제목임.

동덕여고 교사 시절의 이관술(왼쪽)과 서대문형무소 수감 시절의 이관술(오른쪽).

려 파출소로 끌려갔다. 그가 쏜살같이 사라졌다고 보고한 순사와 여의도 다리에서 그를 체포한 순사는 서로 다른 사람이었다. 이관술은 처음에 만난 순사를 따돌리고 쏜살같이 어둠 속으로 도망쳤으나 운 나쁘게도 곧바로 다른 순사의 검문에 걸렸던 것이다.

그를 체포한 순사는 자기 손에 들어온 "쏜살"이 이관술이라는 사실을 눈치채지 못했다. 파출소에서 이관술은 일본어를 모르는 척했다. 중일전쟁 발발 직후였기 때문인지, 파출소 순사들은 그를 중국 스파이로 오해했다. 그날 밤중에 이관술은 감시가 소홀한 틈을 타서 파출소 밖으로 재빨리 달아났다.

서울 시내 일본 경찰들은 그를 찾기 위해 밤새 "혈안적 활동"을 벌였다. 시 경계 밖까지 경찰이 파견됐지만 모두 허사였다. "이번

단서로는 체포하기가 어렵다"는 말이 일선 경찰들 사이에서 나돌
았다.*

이관술은 변장술도 뛰어났다. 그는 넝마주이, 솥땜쟁이, 엿장수,
풍각쟁이, 거지 등 다양한 모습으로 변신했다. 일본 유학파 출신의
전직 교사로 그를 인식하는 일제 순사들은 이런 이유 때문에도
그를 쉽게 식별하지 못했다. 1945년 해방 당시에는 대전의 한 고
물상에서 넝마주이 차림으로 활동하고 있었다. 해방 소식을 듣고
도 그는 만세를 부르지 않고 담담하게 자신의 고물을 챙겼다. 더
이상 변장할 필요가 없는 상황이었는데도 끝까지 역할에 충실했
던 것이다.

무기징역이 아니라 무차별 학살

•

그의 조국엔 '언제나' 감옥이 있었다. 일제 강점기뿐 아니라 미
군정기에도 달라지지 않았다. 위폐 사건 당시 미군정은 조선공산
당 재정부장이었던 이관술을 주범으로 체포하고 무기징역을 선
고했다. 이 무기징역은 결국 사형이 됐다. 그는 1심 판결에 불복해
상소했지만 기각됐고, 이 상태로 시간이 흘러 1950년에 한국전쟁
이 발발하자 이승만 정권은 그를 학살했다.

진실화해위원회(진실·화해를 위한 과거사정리위원회)가 2010년에 규명

---

* 1937년 7월 23일자 「동아일보」 2면 좌하단 기사 참조.

한 바에 따르면, 대전형무소에 수감됐던 이관술은 1950년 7월 3
일 지금의 대전광역시 골령골에서 총살을 당했다. 2015년에 대법
원은 이에 관한 대한민국의 불법행위를 인정했다. 그리고 2025년
12월 22일, 79년 만에 열린 재심에서 이관술에게 무죄가 선고됐
다. 검찰이 무죄를 구형했기에 판결은 곧바로 확정됐다. 항일투사
이관술의 명예가 너무 늦게, 그리고 조금이나마 회복되는 순간이
었다.

　79년 만에 이관술은 위폐 사건 주범이라는 오명을 벗었다. 그러
나 벗어야 할 불명예가 하나 더 있다. 대한민국 국가보훈부가 핵심
독립운동가인 그를 독립유공자로 인정하지 않고 있다는 점이다.
그가 한 것이 독립운동이 아니라면 일제 순사들이 그날 밤 여의
도에서 그토록 필사적으로 추적했던 이유를 뭐라 설명할 것인가?

10

독립 만세를 외친 9인조 머슴, 90대의 매질을 당하다

– 산에 올라 횃불을 들고 만세를 부른 김천군 머슴들

1919년 4월 6일 밤이었다. 9명의 사내가 경상북도 김천군 개령면 동부동(지금의 동부리)에 있는 뒷산을 오르고 있었다. 모두 이 마을에서 일하는 머슴들이었다. 그들은 손에 손에 횃불을 들고 있었다. 산 정상에 오른 아홉 머슴은 횃불을 높이 들어 올렸다. 그리고 밤하늘을 향해 외쳤다.

"조선독립 만세!"

"조선독립 만세!"

두 번의 외침이 온 산을 울렸다. 산 밑 마을 사람들은 어둠 속에서 빛나는 횃불과 함께 울려 퍼지는 만세 소리를 들었다. 그러나 일제 경찰도 지켜보고 있었다. 밤중의 횃불 시위는 산 밑 주민들을 고무시키는 데에는 효과적이었지만, 일제 경찰에게도 위치가

고스란히 노출되는 약점이 있었다. 9명의 머슴들은 현장에서 체포됐다.

뒷산의 시위

•

김천군 개령면 동부동에서는 3월 말부터 4월 초까지 총 네 차례의 만세 시위가 일어났다. 그들의 시위 현장은 사방이 탁 트인 장터가 아닌 마을 뒷산이었다. 동부동 남쪽에는 평야 지대가 펼쳐져 있고, 북쪽으로는 해발 321미터의 취적봉과 236미터의 구봉산이 솟아 있었다. 이 산악지대에서 소규모 시위가 계속되었다.

3월 24일 오후 4시쯤에 허철을 비롯한 4명이 기독교인들과 함께 뒷산에 올라 대한독립 만세를 외쳤다. 소수의 집회였지만 산 밑 주민들에게 충분히 들릴 만한 규모였다. 당시 37세였던 허철은 사흘 뒤 체포됐다. 그에게는 보안법 위반죄로 태형 90대가 선고되었다. 태형은 일본에서는 전근대적이라는 이유로 폐지된 형벌이었다. 그런데 37세의 조선인 성인 남자에게 90대나 매질을 해댄 것이다. 이것은 형벌이라기보다 모욕이나 분풀이에 가까운 처벌이었다.

허철이 끌려가는 것을 보고도 열흘 뒤인 4월 3일에 문정환을 비롯한 서너 명이 산에 올랐다. 다음 날에도 비슷한 시위가 이어졌다. 그리고 4월 6일 밤, 네 번째 시위의 주인공인 9명의 머슴이 등장했다. 김명길·윤광어리·정남준, 그리고 김임천·김타관·도말영(도동영)·이말용(이끝용)·최가만·황도석이었다. 앞의 3인은 독립유

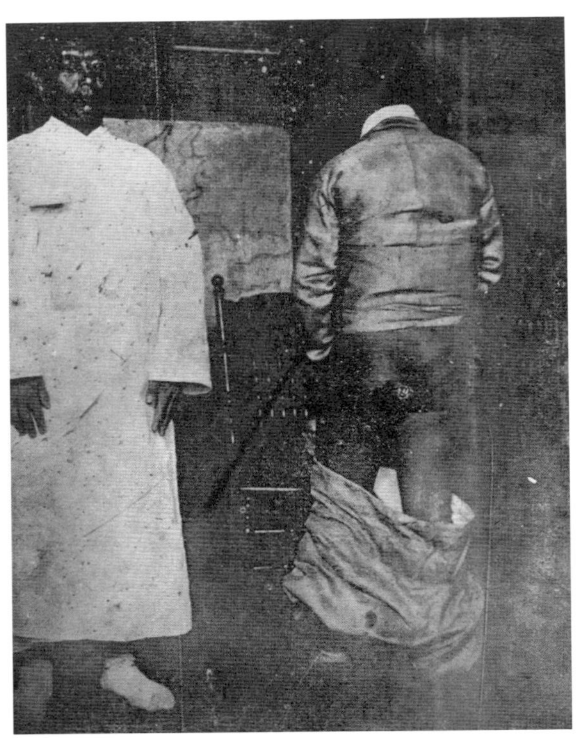

공자로 지정되지 못했고, 뒤의 6인은 지정되었다. 당시 판결문을 보면 9인에게 동일한 판결이 내려졌다. 태형 90대였다. 보안법을 위반했으니 징역 3개월을 선고해야 하지만 정상을 참작해 태형에 처한다는 것이었다. 징역형보다는 가볍지만 조선인에 대한 모욕적 의도를 담고 있는 형벌임을 고려하면 태형 90대는 결코 가벼운 형벌이 아니었다.

이들은 밤중에 산을 탔는데도 현장에서 체포됐다. 허철이 사흘 뒤에 체포된 것과 비교된다. 야간 집회를 마치고 하산하기 전에 일제 경찰이 신속히 출동했던 것이다. 밤인데도 현장에서 바로 체포된 이유는 쉽게 짐작할 수 있다. 앞서 이미 세 차례나 벌어진 뒷산 시위 때문에 일제 경찰이 예의주시하고 있었을 것이다. 그런데도 이들은 당당하게 횃불을 치켜들었다.

장터에서 만세, 산 위에서도 만세

•

실제로 3·1운동 때 야간 횃불 시위가 전국 곳곳에서 벌어졌다. 야간에는 왜 횃불 시위를 벌였을까? 이는 어둠을 밝히기 위해서만은 아니었다. 산 정상의 시위는 산 밑 주민들을 고무시키기 위한 목적도 띠었으므로, 밤중에는 태극기를 흔들거나 두 팔을 올리는 것보다 횃불을 들어 올리는 편이 훨씬 효과가 컸다.

아홉 머슴도 횃불 시위가 효과적일 것으로 생각했을 것이다. 이들은 전국적인 흐름과 더불어 자기 지역 상황을 봐가며 시위를 기획했다. 서울에서 시작한 독립만세 운동이 순식간에 전국으로 확대됐다는 소식을 들은 이말용은 독립만세 시위를 통해 조국이 독립될 것으로 확신했다.*

----

* 『독립유공자 공훈록』 이말용 편에 "이말용은 독립만세 시위를 통해 조국이 독립될 것으로 확신하였다."라는 문구가 있다.

‘3·1운동’ 하면 장터에서 두 팔을 번쩍 들어 올린 학생들과 농민들이 떠오른다. 유관순을 비롯한 학생들은 학교라는 조직을 바탕으로 조직력이 뒷받침된 시위를 벌였다. 학생들은 어린 나이에 용감하게 앞장서고 핍박을 받았기에 세상의 이목이 이들에게 쉽게 집중됐다. 이런 학생들이 커다란 역할을 수행한 것은 사실이지만, 이들이 3·1 시위대의 주력이었다고 보기는 힘들다. 학생들이 있든 없든 전국 어디서나 시위가 벌어졌다. 그런 시위대의 주력은 농민들이었다.

그런데 농민이라고 다 같은 농민은 아니었다. 소작농도 있고 자작농도 있었다. 농경을 직접 담당하지 않는 부재지주이면서도 자기 직업을 농업으로 소개하는 이들도 있었다. 소작농은 토지소유권은 없어도 경작권은 갖고 있었다. 이런 소작농보다 훨씬 불리한 농민들도 있었다. 머슴으로도 불리고 고공(雇工)으로도 불린 농업 노동자들이 그들이다.

예속민인 노비와 달리 법적 자유민인 머슴은 18세기 이후로 점증하다가 노비제가 폐지된 1894년 이후로 농업 노동력의 주류가 됐다. 20세기 초반에 이들은 한국에서 가장 보편적인 농업 노동자였다. 그런 머슴들도 1919년의 만세 시위에 참여했다. 이들을 빼놓고 3·1운동이라는 대중운동을 조명하는 것은 어불성설이다.

일제의 착취와 한국 대중의 저항을 설명할 때 노동쟁의와 더불어 소작쟁의가 흔히 거론된다. 이런 논의에서 머슴들은 빠져 있다. 머슴들이 관련된 착취와 저항은 이들을 고용한 소작농·자작농·부재지주의 문제와 뭉뚱그려 설명되는 일이 많다. 하지만 머슴들은 3·1운동 현장의 곳곳에 흔적을 남겼다.

3·1운동은 민족 전체가 궐기한 운동이었다. 이는 일본이라는 이민족의 억압에 대한 저항인 동시에 신종 노동착취 시스템인 제국주의에 대한 저항이었다. 그런 저항의 대열에 9명의 머슴이 당당히 서 있었다. 이들이 팀을 이뤄 저항한 것은 일제의 착취가 소작농이나 공업 노동자뿐 아니라 머슴들에게도 견디기 힘든 것이었음을 보여준다.

1919년 4월의 그날 밤, 횃불을 들고 뒷산에 올라 대한독립 만세를 목 놓아 외쳤던 9명 가운데 김명길, 윤광어리, 정남준 세 사람은 100년도 더 지난 지금까지 독립유공자로 지정되지 못했다. 나머지 6명과 똑같이 태형 90대를 받았고, 똑같이 밤중에 횃불을 들고 산에 올랐건만, 이들의 이름은 여전히 역사의 그늘에 가려져 있다.

일왕이 내린 과자는
먹지 않겠소

— 일왕 생일에 재를 뿌린 이태형·김정식과 경성여고보 학생들

1919년 10월 31일 금요일, 천장절 기념식이 진행되던 시각. 서울 경운동에 있는 경성여고보(경성여자고등보통학교, 현재 경기여고) 교실마다 창문이 일제히 열렸다. 그리고 하늘에서 과자의 비가 쏟아졌다. 모든 교실에서, 모든 창문으로 과자가 날아갔다. 학생들이 일왕이 '하사'한 과자를 일제히 창밖으로 내던지기 시작한 것이다. 그 과자를 먹는 것은 일왕의 백성임을 인정하는 동시에 일본 제국주의의 지배를 수용한다는 표시였다. 경성여고보 학생들은 '제국주의의 독극물'인 과자를 먹을 수 없다며 창밖으로 내던지며 일왕을 모독하는 집단 퍼포먼스를 벌인 것이었다.

90도로 절하지 않다

•

1920년 10월 31일. 강원도 춘천군 서하면사무소에서 천장절 기념식이 거행됐다. 민관 합동 행사였다. 이때 분위기를 교란하는 주민이 있었다. 24세의 김정식이었다. 그는 천장절 요배식에 참석했지만 최경례를 하지 않았다. 90도 각도로 절을 하지 않은 것이다.

기념식이 끝난 뒤 면사무소 숙직실에서 축하 연회가 열렸다. 행사가 마음에 들지 않았으면 그냥 귀가해도 됐을 법한데, 김정식은

→ 일제 강점기의 한국인들은 궁성요배를 강요당했다.

그 연회까지 참석해 '제2차 교란'에 착수했다. 법원 판결문에 따르면, 그는 그곳에 모인 사람들에게 소리 높여 말했다.

"우리 조선인은 일본 천황 폐하에 대해 경례할 필요가 없소."

그 정도 배짱을 가진 인물이 과연 '폐하'라는 경칭을 썼을지 의문이다. 판결문을 작성하는 법원 서기가 문제의 소지를 없애고자 경칭을 집어넣었을 가능성이 없지 않다.

일왕을 모욕하는 김정식의 투쟁은 그 뒤에도 두 차례 더 있었다. 1심 법원은 징역 2년을 선고했고, 경성복심법원은 항소를 기각하여 원심판결을 확정했다. 3·1운동 민족대표 33인의 형량이 3년 이하였던 것과 비교하면 2년형은 중형이었다. 단순히 뻬딱하게 비친 것이 아니라 항일운동 수준에 도달했다고 판단했기에 그런 형량이 나온 것이다.

식민지 천재 소년, 일장기 펄럭이는 광경에 울컥하다

•

'천장절'은 1948년까지 일왕의 생일을 부르는 말이었다. 식민지 한국에서 이 행사는 이 땅이 일본의 지배하에 있음을 보여주는 상징적 이벤트였다. 이는 일왕이 한국 땅에서 가장 신성한 존재임을 전제로 하는 의식이었다. 히로히토 일왕이 재위할 때인 1940년에는 4월 29일이 천장절이었다. 천장절 거사인 윤봉길의 홍커우공원 의거가 일어난 지 8주년이 되는 날이었다. 이날 천장절 행사에 참석해야 하는 대구상업학교 2학년 이태형은 아침 일찍 집을 나섰다. 급장(반장)인 그는 2학년 전체에서 성적이 가장 우수했고, 친구들은 그를 "천하의 수재"로 기억했다.*

이태형이 지나가는 길에는 향교가 있었고, 그 옆에 언덕이 펼쳐져 있었다. 언덕 위에 올라가서 바라보니 눈에 확 들어온 광경이 있었다. 사방에 휘날리는 것이 일장기뿐이었던 것이다. 순간 이태형은 울컥했다. 그는 민족적 울분에 넘쳐 식장으로 가지 않고 집으로 돌아가버렸다.

그날 저녁 그의 일기장에는 이런 내용이 적혔다.

---

* 『독립유공자증언자료집』 제2권, 같은 학교 출신의 독립운동가 김상길의 증언에 따름.

'이 땅은 우리 땅인데 우리나라의 국기는 어디로 가 보이지 않고 왜 저 일장기만이 펄럭이며 휘날리고 있느냐.'

대구상업학교에서는 일주일에 한 번씩 학생들의 일기장을 검열했다. 이태형은 천장절 감회가 적힌 일기장을 그대로 제출했다. 전교 1등 수재가 학교를 발칵 뒤집어놓을 일을 벌인 것이다.

일기장을 읽어본 일본인 담임교사는 말했다.

"지우고 다시 써라."

이태형은 버텼다.

"일기인데 내 마음대로 쓰지, 못 고칩니다."*

이런 실랑이가 몇 번 있고 나서 대구상업학교는 "천하의 수재"를 학교에서 쫓아내기로 결정했다. 퇴학 처분을 내린 것이었다. 일왕과 관련된 사안이므로 학교 당국의 재량권이 적었을 것이다. 이 일은 "천하의 수재"를 직업적 항일 투사로 만들었다. 그 뒤 계속해서 반일운동을 벌인 이태형은 결국 구속돼 김천소년형무소에 수감됐다.

이태형을 수재라고 말했던 독립운동가 김상길(1926~2018)은 자신이 민족의식을 갖게 된 것은 이태형 때문이라고 증언했다.** 이태형은 김상길에게 "우리도 태극기란 것이 있다. 우리도 깃발이 있다."는 이야기를 몰래 해주었다고 한다.

일왕 생일이라는 굴욕에 맞서다

•

경성여고보 학생들과 김정식, 이태형은 독립유공자로 지정돼 있지 않다. 하지만 독립운동사 기록과 일제 법원의 판결문에서 이들

---

* 같은 학교 출신의 또 다른 독립운동가 서상교(1923~2018)의 증언에 의함. 서상교는 이태형을 "아주 머리가 좋았다."고 회고하며 "성적으로 말하면 최고로 100점"이라면서 "그런데 반장이야."라고 말했다. 학교 일에 바쁜 급장이 성적까지 우수했던 점을 남달리 봤던 것이다.

** 독립운동가 김상길은 17세 때인 1943년에 치안유지법에 저촉돼 단기 5년, 장기 7년 형을 받고 인천소년형무소에 수감됐다.

의 항일 활동은 분명히 확인된다. 일제 강점기 한국인의 상당수는 자신이 할 수 있는 최선의 방법으로 천장절 거부 투쟁을 벌였다. 일왕이 내린 과자를 창밖으로 내던져버리고, 90도로 절하기를 거부하고, 민족적 울분을 적은 일기장을 그대로 제출하는 식으로 말이다.

윤봉길의 홍커우공원 의거가 한국인들에게 한층 강렬한 인상을 준 것은 그것이 천장절 행사를 정면으로 맞받아친 쾌거였기 때문이었다. 그러나 천장절에 맞선 이는 윤봉길만이 아니었다. 수많은 이름 없는 한국인들이 각자의 자리에서, 각자의 방식으로 일왕 생일에 재를 뿌리며 일본 제국주의에 맞섰다.

12

500리 숲길로 운반한 체코 무기,
청산리에서 불을 뿜다

– 청산리대첩을 도운 체코 군단과의 숨은 인연

1920년 7월, 블라디보스토크의 모처에서 체코 군단 장교와 무장 독립운동 단체인 북로군정서 대표가 은밀히 만났다. 일본군의 눈을 피해야 하는 비밀 접촉이었다.

"무기를 넘기겠습니다."

체코 군단의 장교가 말했다. 그가 넘기겠다고 한 무기는 소총 1,200정과 기관총 6정, 박격포 2문, 탄약 80만 발, 수류탄, 권총 등이었다. 가격은 소총 1정당 7원. 중간에서 잔심부름하는 노동자의 품삯에 불과한 수준의 헐값이었다. 북로군정서는 받아들였다. 하지만 체코 군단에 지불할 돈이 모자랐다. 당시 무기운반경비대의 분대장을 맡았던 북로군정서 이우석(1896~1994) 분대장에 따르면, 무기 구입 자금이 루블화였는데 볼셰비키 혁명으로 휴지 조각이 돼버려 다시 신권을 모으긴 했으나 그래도 모자라는 돈은 현지 동포들이 은비녀와 금가락지 등 온갖 귀중품으로 대신했다고 한다. 당시 총 한 자루 가격은 30~45원(현 300만~450만 원)이었다.

현지 한국인 200여 명과 독립군 30여 명으로 구성된 무기운반대 230여명이 500리 숲길을 통해 무기를 운반했다. 긴박하고 은밀하게 진행된 무기 공수 프로젝트는 성공리에 끝났다. 무기 운반 대장 이우석은 청산리전투 최후의 생존자이기도 하다. 그가 쓴 수기에서 당시 상황을 읽어보자.

"오래간만에 무기를 운반하러 가라는 통지가 와서 해삼위(블라디보스토크) 항내 해변으로 어두운 밤에 행군하여 산 정상으로 70여 리를 가서 받아 메었다. 장총 200여 정과 중기관총과 탄환을 한 짐씩 졌다. 돌아오는 중간에는 일본군 병참소 정문을 통과하여야 했다. 갈 때는 산정(山頂)으로 갔지만 짐을 한 짐씩 지고는 산길로 갈 수가 없었다. 그러므로 결사적 용기를 발하여 이 병참소를 당당히 정문을 통과하였다. 일병(日兵)도 우리를 보고 우리도 일병을 보았다. 그러나 충돌하지 않고 무사히 통과하였다.

장마철이라 도로가 개울이 되었다. 이 물을 거슬러서 올라온다. 짐도 무겁지, 길도 험하지, 배도 고프지, 결사적으로 일병참소를 지나 한 5리쯤 되는 곳에 동포의 가옥 10여 호가 보인다. 그곳에 와서 긴장도 풀리고 기진맥진한 우리는 쓰러졌다. 이제 생각을 하면 일병 5~6명만 와도 우리는 꼼짝 못하고 죽었을 것이다. 주민들이

지어주는 밥을 먹고 다시 기운을 회복하였다. (중략). 200여 명 무기운반 대원들이 기관총 일제 38식 장총과 체코제 기관총, 탄환 200짐을 운반해다가 내려놓는 것을 서일 총재, 현천묵 부총재, 김좌진 사령관 및 군 수뇌부와 학생들과 지방 인사들이 보고 위로와 칭찬을 했다."*

체코 군단은 왜 조선의 항일투쟁가들에게 무기를 제공했을까? 이야기는 1년여 전으로 거슬러 올라간다. 1919년 3월, 상하이에 체코 군단의 사령관인 27세의 청년 장교 라돌라 가이다(Radola Gajda, 1892~1948)가 있었다. 상하이에서 가이다 사령관은 여운형, 안창호 등 한국의 독립운동가들을 만나 관심과 지지를 표명하며 이렇게 말했다.

"귀국의 독립선언은 역사상 드문 용기와 애국심을 보인 것입니다. 세계 사람들이 모두 경탄하고 칭찬하는데, 그중에서 가장 감동을 많이 받은 것은 우리 체코 국민입니다. 나는 귀국의 앞날이 빛나기를 바라마지 않습니다. 아직은 일본의 압박 밑에 있으나 세계의 대세는 이미 일본 군국주의를 허용하지 않는 시기입니다. 귀국민이 통일·인내·용전의 세 가지로 진행한다면 독립이 완성될 날도 멀

---

* 독립기념관 한국독립운동사연구소가 펴낸 『한국독립운동사자료총서 제33집: 청산리대첩 이우석 수기·신흥무관학교』 참조.

지 않을 것입니다."*

하지만 이 말은 사실 '못할 말'이었다. 왜냐하면 체코 군단이 동아시아까지 오게 된 데는 일본의 협력이 컸기 때문이다. 일본의 도움을 받은 체코인이 일본 군국주의를 비판한 것이다.

체코 역시 오랜 식민지 경험을 가진 나라였다. 체코는 1526년부터 합스부르크 왕가의 지배를 받았다. 슬로바키아도 마찬가지였다. 합스부르크 왕가는 신성로마제국을 지배했다. 유럽의 정치적 지주였다. 1867년에는 헝가리와 함께 오스트리아-헝가리 제국을 결성했다. 조선이 일본에 강제 병합된 1910년까지 체코는 거의

* 독립운동가 박은식의 『한국독립운동지혈사』 참조

400년이나 이민족 지배를 받고 있었다. 한국의 35년 식민 지배와는 비교할 수 없는 긴 세월이었다.

1914년 제1차 세계대전이 발발했다. 체코에게는 기회였다. 오스트리아-헝가리 제국은 동맹국 진영인 독일 편에 섰다. 반대편은 연합국 진영인 영국, 프랑스, 러시아, 이탈리아, 일본이었다. 체코인들은 연합국이 이기기를 바랐다. 슬로바키아인들도 마찬가지였다. 그래서 독립운동을 벌였다. 그리고 1918년 체코슬로바키아공화국이 탄생했다. 400년 만의 독립이었다.

체코 군단은 원래 오스트리아-헝가리 제국의 군대였다. 지금의 폴란드 국경에서 러시아와 싸웠다. 그런데 제1차 세계대전 중, 러시아혁명이 일어났다. 체코 군단은 이 기회에 반기를 들었다. 오스트리아-헝가리 제국에 맞서 싸우는 독립군이 된 것이다. 그들은 소

→ 시베리아의 체코 군단.

런 쪽에 가담했다. 하지만 소련이 독일과 강화조약을 맺자 난감해졌다. 10만 명이 넘는 병력의 체코 군단은 소련 땅에 고립되었다.

연합국은 이 군단을 프랑스군 지휘하에 두고 서부전선으로 보낼 구상을 했다. 하지만 적국인 독일 땅을 통과할 수 없었다. 그래서 생각해낸 것이 동진, 즉 동쪽으로 보내는 것이었다. 우랄산맥을 넘고, 시베리아를 횡단하고, 블라디보스토크에서 배에 태워 유럽으로 보내는, 유라시아 대륙을 가로지르는 대장정이었다. 체코 군단의 이 여정을 도운 것이 연합국의 일원이었던 일본군이었다. 일본군이 그들을 보호해 블라디보스토크항까지 안내했다.* 체코

---

* 「동국사학」 2019년 제67집에 실린 황정식 동국대 연구교수의 논문 '상해 대한민국 임시정부와 체코 군단' : 『군사논단』 1996년 제7호에 실린 허만위 북한학회 이사의 논문 '항일독립군, 체코 군단 무기 비밀운반 사례 연구' 참조.

군단이 이처럼 일본의 지원을 많이 받았기 때문에, 가이다가 한 앞의 발언은 일본 측이 볼 때는 '못할 말'이었다. 일본의 도움을 받았으면서 일본군국주의를 비판한 것이니까 말이다.

체코와 한국, 동병상련

•

400년 만에 독립의 기쁨을 맛본 체코인들이 그 직후에 전해들은 것이 한국의 3·1운동이었다. 그들은 한국인들의 독립선언에 깊이 공감했다. 동병상련이었다. 체코 망명정부 기관지 「체코슬로바키아 덴니크」 1919년 3월 18일자는 이렇게 보도했다.

"한국인들이 대규모 시위를 벌이며 한국의 독립을 요구했다고 서울발 로이터통신이 보도했다. 시위 군중은 황제의 시신이 안치된 왕궁까지 행진했다. 서울 거리는 국장에 참석하기 위해 지방에서 올라온 사람들로 혼잡했다. 경찰과 군은 봉기가 확산되는 것을 막기 위해 여러 가지 조치를 취했다."*

「체코슬로바키아 덴니크」는 3월 18일과 28일에 이어 5월 13일

---

* 한국 독립운동에 대한 체코인들의 관심은 2008년부터 2014년까지 주한체코대사로 근무한 역사학자 야로슬라브 올샤 2세에 의해서도 한층 더 알려졌다. 올샤 대사와의 인터뷰를 담은 2010년 2월 23일자 「주간조선」 기사 '체코슬로바키아 신문, 3·1운동 잇따라 보도' 중 「체코슬로바키아 덴니크」 1919년 3월 18일자 기사 참조.

에도 3·1운동 소식을 전했다. "한국의 수도 서울에서 일본 경찰은 혁명 잡지를 인쇄한 비밀 시설을 찾아냈다."고 한 뒤 "도쿄발 로이터통신에 따르면, 일본 당국은 무력으로 한국의 독립운동을 진압할 것으로 보인다."고 전망했다. 이렇듯 「체코슬로바키아 덴니크」는 두 달 넘게 진행되던 3·1운동의 동향을 관심 있게 지켜보았다. 그런 관심이 체코 군단의 청년 사령관이 상하이에서 만난 여운형·안창호 등에게 했던 발언에서 드러났던 것이다.

엄청난 양의 무기를 버리고 가야 하나?

•

일본군의 도움으로 무사히 블라디보스토크에 도착한 체코 군단에게 문제가 생겼다. 연합군의 해상 수송 능력이 부족했던 것이다. 10만 명 이상의 병력과 그리고 그들이 가진 막대한 양의 무기를 전부 배로 유럽까지 실어 나르기는 어려웠다.

연합국은 다시 계획을 세웠다. 체코 군단의 군살을 빼자, 즉 무기를 버리고 병력만 수송하기로 한 것이다. 유럽에 도착하면 최신 장비로 다시 무장시켜서 서부전선에 투입시키면 된다. 그런데 블라디보스토크에 있는 무기는 어떻게 할 것인가? 버릴 수도 없고 가져갈 수도 없는 그 무기는 어떻게 해야 하나?

이리하여 체코 군단은 한국 독립군의 뜻밖의 조력자가 됐다. 이는 그들이 식민지 한국의 처지에 주목했기 때문이기도 하지만 현실적인 이유, 말하자면 체코 군단이 보유하고 있던 무기가 거추장

스러운 짐이 되어버린 상황이 우연찮게도 그들과 한국 독립군을 연결하는 계기가 된 것이다. 한국 독립군 진영의 북로군정서는 블라디보스토크에 도착한 체코 군단의 이런 사정을 파악한 뒤 비밀 접촉에 나선 결과 대량의 무기를 확보하게 됐다. 북로군정서가 애초에 요구한 수량보다는 적은 것이었지만, 체코 군단도 상당한 성의를 보였다고 한다.

서로 다른 진영의 식민지

•

1910년에 한국이 식민지로 전락하면서 한국과 체코는 동병상련이 됐다. 그런데 4년 뒤 제1차 대전이 발발하면서 두 민족의 처지가 달라졌다. 제1차 세계대전 당시, 한국과 체코는 적대 진영에 속해 있었다. 한국은 연합국 소속인 일본의 지배를 받았다. 체코는 동맹국 소속인 오스트리아-헝가리의 지배를 받았다. 한국인들은 동맹국 진영이 승리하기를 바랐다. 체코인들은 당연히 연합국 진영을 응원했다. 하지만 1917년 볼셰비키 혁명 이후, 판세가 바뀌었다. 체코 군단이 연합국 편이 됐다. 그리고 일본의 도움으로 동아시아까지 오게 됐다. 그렇게 해서 만남이 이루어졌다. 일본의 지배를 받는 한국인과, 일본의 지원을 받는 체코인이. 일본의 눈을 피해 한국 독립군의 전력을 강화했다. 식민 지배를 당했던 두 민족의 이심전심, 동병상련, 그리고 얽히고설킨 역사의 아이러니가 빚어낸 인연이었다.

그렇게 확보한 무기가 석 달 뒤인 그해 10월에 벌어진 청산리대첩에 투입됐다. 청산리 대첩은 35년간의 일제 식민 지배에서 한국 독립군이 거둔 최대의 전승이다. 이 전투에서 일본군은 연대장을 비롯해 네 자릿수의 인명을 잃었다. 물론 독립군의 희생도 적지 않았다. 세 자릿수의 한국인도 생명을 잃었다. 김좌진·이범석·나중소가 지휘하는 북로군정서와 홍범도가 이끄는 대한독립군이 3·1운동 이듬해인 1920년 10월 21일부터 26일까지 치른 이 대첩은 현지 한국인들의 지원과 독립군 장병들의 희생에 일차적으로 기인하지만, 체코인들의 조력에도 적지 않게 의존했다.

13

일본 제국주의 귀신은
썩 물러가라!

– 제주 3·1운동을 이끈 김장환

1530년, 조선 중종 때 편찬된 『신증동국여지승람』은 제주섬을 이렇게 묘사했다.

"음사를 숭상한다(尚淫祀)."

'음사'. 군주의 공인을 받지 못한 신앙이라는 뜻이다. 왕조의 눈으로 보면 제주 사람들은 너무 많은 신을 섬기고 있었다. 산과 숲, 내와 못, 높고 낮은 언덕, 나무와 돌에도 신이 있었다. 매년 정월이면 남녀 무당이 신의 깃발을 받들고 경전을 읽고 귀신을 쫓았다. 2월에는 나무장대 열둘을 세워 신을 맞았다. 봄가을이면 광양당과 자귀당에 남녀가 무리 지어 모여 술과 고기를 갖추어 제사를 지냈다. 회색 뱀을 보면 자귀의 신이라 여겨 결코 죽이지 않았다.

왜 이토록 많은 신이 필요했을까? 제주는 온대와 아열대의 전이지대에 있는 화산섬이다. 바람이 강하고 비가 많으며 가뭄이 심한 삼재(三災)의 섬. 해안지대에는 일년 내내 미생물이 번식해 질병의 위험이 상존했다. 재해와 질병 앞에서 사람들은 신에게 의지할 수밖에 없었다.*

그리고 1919년 3월, 제주의 신들이 시위 현장으로 소환되었다. 이번에는 일본제국주의라는 거대한 재앙을 쫓아내기 위해서였다.

신들이 투쟁 현장에 소환되다

•

1919년 3월 15일, 목포항에 한 청년이 배에서 내렸다. 27살의 서울 휘문고등보통학교 학생 김장환(金章煥)이었다. 그는 3월 1일에 서울에서 일어난 만세 시위에 참여했다. 탑골공원에서, 거리에서 대한독립 만세를 외쳤다. 일제 경찰의 수사망이 좁혀들자 김장환은 서울을 빠져나왔다. 목포를 거쳐 3월 16일, 제주 조천리로 돌아왔다. 그의 품에는 독립선언서가 숨겨져 있었다.

서울에서 만세 시위가 터졌다는 소식이 남해를 건너 제주에도 전해져 있었다. 지역 유지들과 기독교 목사들 사이에서 만세운동

---

* 『제주도 연구』 2015년 제44집에 실린 윤용택 제주대 철학과 교수의 논문 '기후환경적 측면에서 본 제주 민간신앙' 참조.

기운이 일어났다. 이 분위기에 박차를 가한 인물이 김장환이었다. 김장환의 아버지 김시학은 선각자로 알려진 인물이었고, 백부 김시우는 제주도 내에서 이름 높은 유학자이자 지사였다.

김장환은 백부를 찾아가 서울의 상황을 자세히 전했다. 수십만 명이 거리로 쏟아져 나왔다고. 총칼 앞에서도 만세를 불렀다고. 그리고 독립선언서를 건넸다. 김시우가 그것을 읽었다. 그는 조카를 바라보았다.

"우리도 대한민족이다. 독립운동에 결사 진력해보자."

『독립운동사』는 이후 상황을 이렇게 기술한다.

"장환의 백부 김시우는 (중략) 조카 장환과 함께 선두에 서서 연락을 취하여 아래와 같은 동지들을 얻었다. 김시범·김시은·고재륜·김영배·김연배·황진식·김찬용·백응선·김운배·박두규·이문천·윤계진·김경희·김필달."

이제 거사를 준비할 시간이었다. 조천리에서 조금 떨어진 산중인 미밀동산*에서 모였다. 조천리 사람들에게 미밀동산은 특별한

---

* 미밀동산(미밋동산)은 미모치동산으로도 불렸다. 『독립유공자공훈록』 제14권은 김장환과 더불어 이 운동을 주도한 고재륜(1899~1980)에 관한 대목에서 미모치(味毛峙)의 또 다른 이름이 '미밀동산'이었다고 알려준다. 조천리 사람들은 우리말 '미밀'이나 '미밋'을 이두로 표기하기 위해 '미모치'라는 한자를 차용했던 것으로 보인다. 일반적인 이두 용법을 감안하면, 이곳 지역민들 사이에서는 미모치라고 표기하고 미밑이나 미밋으로 발음하는 약속이 있었다고 볼 수 있다.

의미가 있었다. 제주의 대다수 마을은 오름이라 불리는 작은 봉우리를 끼고 있다. 그러나 조천리는 비교적 평탄한 분지형 지형이었다. 마을에서 가장 높은 곳이 바로 미밑동산이었다.

풍수적으로 이곳은 성산(聖山) 한라산의 정기가 맥을 타고 흘러와 마을 동쪽 끝에 우뚝 솟은 형국이었다. 예로부터 마을의 수호신을 모시는 당(堂)이 있었다. 주민들은 이곳을 성소로 여겼다. 김장환과 동지들은 이곳을 택했다. 한라산의 정기를 받고, 마을 수호신께 도움을 구하기 위해서였다.

주민들이 미밑동산에 모였다. 사방을 살폈다. 일제 경찰의 눈을 피해 조용히 올라왔다. 그들은 서로를 바라보았다. 누군가 입을 열었다.

"여기서 사생을 같이할 것을 맹세합시다."

모두 고개를 끄덕였다. 한 사람 한 사람이 맹세를 했다. 목숨을 걸고 독립운동을 하겠다고. 끝까지 함께하겠다고.

맹세가 끝났다. 누군가 말했다.

"이제 이곳을 만세동산이라 부릅시다."

미밑동산은 그날부터 만세동산이 되었다. 한라산의 정기가 이곳으로 흘러내려와 만세운동의 기운이 응집되는 곳. 그런 의미를 담은 이름이었다. 날짜를 정해야 했다. 3월 21일. 그날 일제 귀신을 쫓는 큰 놀이를 시작하기로 했다.

귀신 쫓는 놀이, 제국주의 귀신은 썩 물러가라!

•

유관순의 아우내장터 시위에서 상징적으로 표현되듯이 1919년 만세 시위는 불특정 다수가 모여드는 장터에서 많이 발생했다. 그런데 제주도 3·1운동의 출발점인 조천리 시위는 장터가 아닌 미밑동산에서 시작됐다. 이곳이 시위대의 집결지였다.

3월 21일 오후였다. 김시범, 김시은, 고재륜 등 동맹한 동지들이 만세동산으로 향했다. 인근 주민들이 모여들었다. 서당 생도들도 왔다. 500~600명의 인파가 만세동산을 가득 메웠다.

김시범이 큰 태극기를 만세동산 마루에 세웠다. 깃발이 바람에 펄럭였다. 김시범이 독립선언서를 펼쳤다.

"우리는 이에 우리 조선이 독립한 나라임과 조선 사람이 자주적인
민족임을 선언하노라……."

노인도, 청년도, 소년도 모두 숨을 죽이고 들었다. 어떤 이는 눈물을 흘렸다. 어떤 이는 주먹을 불끈 쥐었다. 낭독이 끝났다. 서울에서 귀향한 청년 김장환이 나섰다. 독립선언서를 품에 안고 목포를 거쳐 고향으로 돌아온 그가 먼저 크게 외쳤다.

"대한독립 만세!"

그의 목소리가 만세동산에 울려 퍼졌다.

"만세! 만세! 대한독립 만세!"

최대 600여명이 일제히 함성을 질렀다. 만세동산이 진동했다. 한라산이 응답하는 것 같았다. 손에 손에 태극기를 들고 만세를 연창하며 큰길로 내려갔다. 행렬이 길을 따라 흘러내렸다. 한라산의 정기가 맥을 타고 흘러내리듯이.

그때 일제의 무장대 수십 명이 나타났다. 총과 칼로 무장한 그들에 의해 군중은 해산되었지만 만세 소리는 계속되었다. 일본 경찰이 사람들을 닥치는 대로 체포하기 시작했다. 김시범이 붙잡혔다. 김장환도 체포되었다. 그날 13명이 구속되었다. 그러나 그것은 시작에 불과했다.

3월 22일에도 시위는 계속되었다. "대한독립 만세!"에 이어 새로운 구호가 추가되었다.

"구속자를 석방하라!"

23일 시위에는 여성과 아이들이 중심이 되었다. 200여 명이 거리로 나왔다. 진압군과 몸싸움을 벌였다. 여인들이 일본 경찰의 칼을 맨손으로 막았다. 아이들이 돌을 던졌다. 다음 날인 24일은 조천리 장날이었다. 사람들이 장터로 모여들었다. 물건을 사고파는 왁자지껄한 소리 사이로 다른 소리가 섞였다.

"대한독립 만세!"

장터가 순식간에 시위 현장이 되었다. 장꾼들이 태극기를 흔들었다. 상인도, 농민도, 어부도 함께 만세를 불렀다. 이날 조천리만이 아니었다. 섬 안 여러 곳에서 만세운동이 전개되었다. 한라산의 정기가 제주 전역으로 퍼져나간 것이다.

밤이 되어도 시위는 멈추지 않았다. 태극기가 아닌 등불을 들고 밤중에 조용히 행진하는 사람들이 있었다. 일본 제국주의 물러가라고 낮과 밤을 가리지 않고 거리로 몰려나왔던 것이다. 전두환 반대 시위인 1987년 6월항쟁 때 자동차 운전자들의 경적시위가 깊은 인상을 남겼다. 1919년 3월 하순의 제주 남부 서귀포에서는 자동차 대신 어선이 항일시위의 도구로 활용됐다. 해상 시위였다. 서귀포 등 일부 해상에서는 어선에서 태극기가 휘날리고 독립만세의 함성이 메아리쳤다. 한라산 정기를 타고 흘러나와 미밑 동산에서 우뚝 일어선 신들의 기운이 이 섬을 이렇게 만들었다.

김장환은 3월 21일에 체포됐다. 1심에서 징역 1년, 2심에서 징역 8개월을 받았다. 고재륜은 징역 6개월을 받았다. 그는 1999년 대통령 표창을 받고 독립유공자로 지정되었다. 독립유공자로 지정돼 있지 않지만 조천리 만세 시위의 주역인 김장환은 그 뒤 동아일보사 기자로 일하면서 항일운동에 관여했다. 김장환은 1944년에 평양으로 이사를 했다. 평양 여성 김혜원과 재혼하기 위해서였다. 그 이듬해에 한반도가 분단되고 그는 평양에서 발이 묶였다. 3·1운동 때는 고향으로 돌아와 맹활약했던 그는 8·15 해방 뒤에는 영영 고향으로 돌아오지 못했다.

14

씨름하다 심판 때린 일본 배 선원, 한국인 가슴에 불 질렀다

– 제주에서 일제의 어업 침탈에 맞선 고은삼

심판의 뺨을 때린 일본 선박의 선원

1927년 5월 16일. 제주도 정의면(성산면) 고성마을에서는 정의면 중앙청년회가 주최하는 씨름대회가 한창이었다. 그때 성산포에 정박 중이던 고등어잡이 배에서 200여명이 상륙했다. 한국인 선원이 훨씬 많았지만 일본인의 배였다.

선원들은 씨름 경기장에까지 나타났다. 관람하는 데 그치지 않고 직접 참여하기도 했다. 성산포는 어업 문제로 인한 갈등 때문에 두 민족 간의 싸움이 잦았던 곳이었다. 이런 지역에서 일본 선박 선원들이 지역민들과 몸을 맞대고 시합을 하게 된 것이다.

그런데 일본 선박 선원들의 행동은 점잖지 않았다. 차별적 발언과 강압적 태도로 대회 진행을 방해했다. 그러더니 심판 판정마저 수용하지 않고 무리하게 재시합을 요구했다. 심판은 재시합을 거절했다. 그러자 일본 선박의 한국인 선원이 심판의 뺨을 때렸다.

한국인이긴 했지만 일본 선박의 선원이 때린 뺨이었다. 일본 선박 사람들이 남의 동네 체육대회를 훼방하다가 급기야 심판의 뺨을 때리는 상황은, 일본이 제주 어장을 침범하고 한국 어민들을 억압하는 상황을 연상시켰다.

심판이 뺨을 얻어맞은 사태가 신호탄이 됐다. 한국인들이 일본 선박 선원들을 향해 공격을 퍼부었다. 대회장은 순식간에 아수라장이 되었다.

침탈당한 바다

•

일제는 토지와 임야 외에 어족자원도 침탈했다. 임오군란 이듬해인 1883년에 체결된 조일통상장정(한일통상장정)은 전라·경상·강원·함경의 4도에서 일본 어민의 어로 활동을 허용했다. 1910년 국권침탈보다 훨씬 이전에 바다가 뚫렸던 것이다.

일본 어민들에게 날개를 달아주는 조치에 더해, 한국 어민들의 기를 꺾는 조치도 있었다. 일제는 강점 이듬해인 1911년 6월에 공포한 어업령을 통해 어업권을 총독부 허가 사항으로 규정했다. 총독부는 어민들을 반강제적으로 어업조합에 가입시키고 이들의 어깨에 경제적 부담과 어로 활동의 제약을 얹었다.

이런 어업 침략으로 가장 큰 타격을 입은 곳은 바다로 둘러싸인 제주였다. 조일통상장정을 계기로 나가사키현 어민들이 제주에서 막대한 이익을 얻어갔다. 이것을 본 일본의 수산업자들이 너도나도 제주 바다로 몰려왔다. 일본인들은 수중으로 공기를 보내는 잠수 도구까지 동원해 가며 제주 해역을 자신들의 해역으로 만들었다.*

이러한 현상은 제주 어민들의 민족의식을 자극했다. 생존을 위해서라도 항일투사가 되지 않을 수 없었다. 1926년 추자도어업조합 어민항쟁과 1932년 제주도해녀어업조합 해녀항일운동이 일어났다.

"제주 지역에 어업조합이 설립된 결과, 제주 어민들은 반강제적으로 어업조합에 가입하지 않으면 제주 바다를 이용할 수 없게 되고, 이러한 상황 속에서 조합원들은 어업조합의 횡포에 맞서면서 항일운동이라는 역사적 평가를 받는 1926년 추자도어업조합 어민항쟁과 1932년 제주도해녀어업조합 해녀항일운동을 일으켰다."**

---

* 『역사와 경계』 2008년 제68집에 게재된 박찬식 제주대 탐라문화연구소 연구교수의 논문 '개항 이후(1870~1910) 일본 어업의 제주도 진출' 참조.

** 『제주도연구』 2022년 제58집에 실린 강만익 제주제일고 교사의 논문 '일제 강점기 제주도어업조합 설립과 운영' 참조.

500 대 200의 격투를 지휘하다

•

일본이 제주 바다를 침탈하고 이곳 어민들이 항쟁에 나서는 상황에서 항일투사로 부상한 인물 중 하나가 고은삼(高股三)이었다. 1892년에 제주도 동부인 성산읍에서 태어난 그는 청년기부터 민족주의운동의 주역으로 활동했다. 조부가 제주에서 현감을 지낸 지역 유지 집안이었다.

3·1운동 2년 뒤인 1921년, 29세의 고은삼은 영주소비조합이라는 큰 단체를 발족시켰다. 제주에 경제단체가 없음을 개탄하고 소비자의 공동이익을 위해 만든 조직이었다. 지역 유지들이 다수 참여한 이 조합에서 그는 조합장으로 선출됐다.* 3·1운동 얼마 뒤인 이 시기의 소비조합 결성은 한국 대중을 단결시키는 일이었다. 그래서 이런 활동은 일제의 감시 대상이었다. 일제 경찰들이 이들을 주시했다.

다음 해인 1922년에 고은삼은 정의교육기성회를 설립하고 성산공립보통학교(지금의 성산초등학교)를 세우는 데 기여했다. 지사(志士) 스타일의 민족운동가였다.

그러던 그가 35세 때인 1927년, 완전히 색다른 이미지로 뉴스의 초점이 됐다. 그해에 그는 일본 어업의 제주 침투에 대한 민중의 저항을 조직했다. 이 저항으로 인해 발생한 두 민족 간의 '500

---

* 1922년 1월 1일자 「동아일보」 8면 중간 기사 참조.

대 200'의 격투를 그가 지휘했다.

씨름대회 심판의 뺨을 때린 것이 신호탄이 되어 한국인들이 공격을 퍼붓기 시작하자 사건은 확대됐다. 사건이 확대된 데는 성산리청년회장 송세훈과 고은삼의 역할이 컸다. 두 사람은 기세에 밀려 퇴각하는 일본 측을 추격할 것을 지시했다. 한국 측 가담자는 500명으로 알려져 있지만, 사건 6개월 뒤 「조선일보」는 1,000명이었다고 보도했다. 심판이 뺨을 얻어맞은 일이 얼마나 많은 한국인들의 가슴에 불을 질렀는지 짐작할 수 있다.

민족 감정에 불을 지른 이 싸움은 쉽게 끝날 일이 아니었다. 난투극이 벌어지던 와중에 결국 2명이 숨지고 여러 명이 부상을 당했다. 상황이 걷잡을 수 없이 커지자 지역 내 일제 경찰은 물론이고 바다 건너 전남 지역의 일제 경찰까지 출동했다. 집단 격투의 차원을 뛰어넘어 대규모 항일투쟁으로 급진전된 결과였다.

일본 측에서는 1명도 처벌받지 않았던 반면, 한국 측에서는 92명이 체포되고 52명이 목포경찰서로 넘겨졌다. 일제 경찰의 편파적 태도는 이 사건의 민족주의적 성격을 한층 더 웅변하는 것이었다.

지휘한 자는 무죄? 단순 폭행 사건으로 축소한 일제

•

고은삼은 유죄 선고를 받지 않았다. 일제 검찰은 징역형을 구형했지만 재판부는 증거 불충분을 내세웠다. 그의 지시를 받고 공격을 가한 사람들 중에 1년 6월형을 받은 이들이 있는 것과 대조적이다.

이는 법원이 사건을 단순 폭행으로 축소한 결과였다. 폭행 가담자들에게 처벌이 집중됐다. 이 사건이 한국인들의 민족주의 감정을 자극하지 않도록 하기 위한 조치였다. 배후에서 공격을 지휘한 고은삼과 송세훈에게는 유죄를 선고하지 않는 편이 일본에 유리했다. 지사 스타일의 운동가인 고은삼에게 유죄를 선고하는 것은 사건의 민족주의적 특성을 노출시키는 것이었다.

실형을 살지 않은 것이 지역 내에서 고은삼의 위신을 떨어트리지는 않았던 것으로 보인다. 일본이 물러간 뒤 그가 성산면장이 된 것을 보면 지역 내 영향력이 유지됐음을 알 수 있다. 달리 생각하면, 지역 유지가 사건 현장을 피하지 않고 일본 측에 대한 응징을 지휘한 것은 도리어 리더십을 높일 수 있는 요인이었다.

1927년의 항쟁은 1932년 해녀항일운동으로 이어지는 등 다른 민족주의운동에 불을 붙이는 도화선 역할을 했다. 당시 사람들의 눈에 폭동으로 비치지 않고 항쟁으로 비쳤기에 가능한 일이다.

일제 식민 지배는 조선 땅의 사람들과 토지뿐 아니라 조선 바다의 어족자원에도 영향을 줬다. 고은삼은 일제의 어족자원 침탈에 대한 한국인들의 분노와 저항을 1927년 성산포 사건으로 조직해냈다. 그는 한국인들이 일제의 어업 침략을 명확히 거부했다는 증거를 역사에 남겼다. 그의 투쟁은 제주도민들뿐 아니라 한국 어민들이 일제에 맞서도록 추동하는 데도 기여했다. 그래서 그는 항일투사이고 독립운동가다. 대한민국 정부가 독립유공자로 인정하지 않는다 해도 고은삼의 독립운동 행적은 뚜렷하며, 그러므로 그에 대한 역사적 평가가 달라질 이유도 없다.

7인의 독립군, 일본 경찰에게 독립선언서를 배포하다

– 영화 속 한 장면 같은 차련관 전투의 주인공들

1925년 7월 3일 밤, 평안북도 해안 지역인 철산군 차련관(車輦館) 뒷산. 군복 차림의 7명의 검은 그림자가 기민하게 움직였다. 정의부* 군사부 별동대원인 이진무, 홍학순, 김광진, 김인옥, 김학규, 이창만, 오동락이었다.** 이들은 만주에서 압록강을 건너 조선 땅

---

* 정의부는 1919년 4월 11일에 수립된 대한민국임시정부의 기능이 약해지던 1924년에 만주에서 조직돼 독립운동단체의 연합기구 또는 준정부 역할을 했다.

** 국가보훈부 독립운동사편찬위원회의 『독립운동사 제7권: 의열투쟁사』는 "정의부 군사부 별동대원 이진무·홍학순·김광진·김인옥·이창만·오동락" 6명만 언급한다. 1987년에 발간된 『독립유공자공훈록』 제4권 김광진 편은 김광진이 "이진무·홍학순·김인옥·김학규·이창만·오동락 등 6명"과 함께 참여했다고 알려준다. 김학규(金學圭)를 추가로 언급하고 있는 것이다. 참고로, 여기에 언급된 김학규는 임시정부 한국광복군 참모를 지낸 독립운동가 김학규와는 동명이인으로 보인다.

에 발을 디뎠다. 훗날 '차련관 의거'로 불리게 될 전투를 실행할 임무를 띠고 온 것이었다.*

그들은 산속에서 우연히 천도교 신자를 만났다. 그의 도움으로 한복과 짚신을 구했다. 군복을 벗고 평범한 조선 사람으로 변신한 일곱 사람은 이튿날 차련관 장터로 내려갔다. 중국 음식점에 들어가 식사를 하며 경찰 주재소 습격 계획을 짠 뒤 다음 날 행동을 개시했다.

7인의 독립군, 경찰 주재소에 들어가다

•

7월 5일, 별동대원 7인은 두 팀으로 나누어 행동을 개시했다. 4인은 주재소 안으로 들어가고 3인은 밖에 남아 망을 보았다. 주재소 안에서는 일본 경찰 4명이 벽에 총을 걸어둔 채 회의를 하고 있었다. 주재소에 들어간 별동대원들은 인사를 하며 일본 경찰들에게 다가갔다. 그리고 품에서 종이를 꺼내 일본 경찰들에게 한 장씩 골고루 나누어주었다. 한글로 쓰인 독립선언서였다. 한글을 모르는 일본 경찰들은 어리둥절한 표정으로 서로를 쳐다보며 "이것이 무엇이냐?"고 자기들끼리 떠들어댔다. 별동대원 4인은 그 틈

---

* 1983년에 출간된 『독립운동사 제7권: 의열투쟁사』는 이 사건을 '차련관 의거'로 지칭했다. '의거'라는 용어는 이 책을 펴낸 독립운동사편찬위원회가 사용한 표현이다. 그런데 이 전투는 정의부에서 기획하고 실행했다. 주로 개인이나 민중의 거사를 표현할 때 사용되는 의거라는 용어는 정의부가 기획한 이 전투와 어울리지 않는다.

을 타서 하의 속에 감추어갔던 권총을 꺼내들고 일제히 집중 사격을 가했다.* 일본 경찰들은 순식간에 모두 쓰러졌고 아수라장이 된 현장에서 한국인 급사가 가벼운 상처를 입었다. 살아남은 그는 당시 상황을 이렇게 증언했다.

> "상복을 입은 사람과 모시 두루마기를 입은 사람들이 들어와서 소장에게 '곤니치와(안녕하세요)' 하고 인사를 하자, 소장이 인사를 받으려고 머리를 들자마자 땅 소리가 나더니 연방 콩 튀듯 하여 주재소 안에 있던 일본 순사 4명은 그 모양이 되었던 바……."**

급사는 약간 떨어진 곳에 있어서인지 아니면 경황이 없어서인지 독립선언서가 건네지는 장면은 증언하지 않았다. 너무 놀라 독립선언서를 목격하지 못했을 수도 있고, 독립선언서라는 말을 입에 올리기 힘든 주재소 직원이라 일부러 그 부분을 뺐을 수도 있다.

거사를 마치고 주재소를 무사히 빠져나온 독립군들은 다른 일

본 경찰을 찾아 이동했지만 허탕을 쳤다. 그래도 그들은 영성상회라는 주류업체에 들러 독립운동 자금 명목으로 40원과 금시계를 확보했다.

무기를 휴대하기는 했지만, 주재소에 들어가 독립선언서를 배포한 것은 대담한 행동이었다. 일경 4명을 쓰러트리고 주류업체에 가서 금전과 금시계까지 받아냈다. 큰 사건을 일으켰으니 경찰 응원대가 곧 당도하리라는 것을 쉽게 예상할 수 있었다. 그런데 이 긴박한 상황에서 별동대는 의외의 장면을 또다시 연출했다. 곧바로 도주하기는커녕, 장터로 가서 즉석에서 군중집회를 연 것이다. 그리고 군중들에게 이렇게 연설했다.

> "우리는 만주에 본거지를 두고 있는 독립운동단체인 정의부 중앙군사부 별동대원으로서 우리 민족의 염원인 독립을 쟁취하러 왔습니다. 말로 형언할 수 없는 위험과 갖은 고난을 극복하고 오로지 독립정신을 고취시키고자 이곳 주재소를 습격하고 왜적을 몰살시켰습니다. (중략) 미국을 비롯한 중국 상해 및 남만주 각 지역 등 해외에서 조국 완전 독립을 위하여 분투노력하는 애국지사와 독립군들은 사선을 초월하여 일치단결로 용약매진하고 있습니다."[*]

---

[*] 국사편찬위원회가 펴낸 『한민족독립운동사』 제8권 참조.

치밀하게 계산한 기차 시간, 이유 있는 대범함

●

그들이 이처럼 대담하게 행동할 수 있었던 데는 이유가 있었다. 그들이 주재소를 습격한 시간은 신의주발 평양행 급행열차가 남쪽으로 떠난 후였다. 일본 경찰이 아무리 빨리 움직여도 응원 병력은 다음 급행열차를 타야만 했다. 다음 열차 도착 시간까지 치밀하게 계산해 집회까지 여는 여유를 보인 것이다.

장터에서 집회를 마친 별동대원들은 산중에서 하룻밤을 보낸 뒤 의주군으로 향했다. 그러나 다음 날, 일본 경찰 병력의 기습을 받았다. 혼란 속에서 김광진과 오동락은 본대와 떨어지고 말았다. 두 사람은 군호를 외치며 동지들을 찾아 헤맸다. 한 달 동안 악전고투를 벌인 끝에 가까스로 압록강을 넘었다. 본부로 귀환해 먼저 귀환한 다섯 대원들과 재회한 김광진과 오동락은 서로 얼싸안고 환희의 눈물을 흘렸다.

차련관 전투는 독립군의 용맹을 만천하에 알린 사건이었다. 독립운동사편찬위원회는 "차련관 의거는 용감무쌍한 독립군의 기개를 다시 한번 만천하에 떨치게 되었다."라며 "이 의거는 그 후의 독립운동에 커다란 용기를 북돋웠을 뿐 아니라 일인들을 크게 공포의 도가니로 몰아넣었던 것이다."라고 높이 평가했다.

차련관 주재소에서 독립선언서를 건네며 권총을 꺼내든 그 순간은 영화의 한 장면이 아니다. 그것은 대한독립을 향한 뜨거운 의지와 치밀한 계획, 그리고 목숨을 건 용기가 빚어낸 우리 역사의 생생한 한 장면이다. 그러나 영화보다 더 영화 같은 이 의로운 전투에 참가한 7명의 별동대원 가운데 4명(김인옥·김학규·이창만·오동락)은 2026년 현재까지도 독립유공자로 지정되어 있지 않다. 목숨을 걸고 조국의 독립을 위해 싸웠지만, 역사는 그들을 기리고 있지 않은 것이다.

흑연 광산 파업,
마을 축제가 되다

– 민족 차별에 맞선 영흥 파업을 승리로 이끈 사람들

1927년 9월 14일 정오 무렵, 함경남도 영흥에 있는 광물회사인 산하광업소에서 수레를 끌던 노동자 정봉준이 동료와 말다툼을 벌이고 있었다. 별것 아닌 시비였다. 그런데 갑자기 일본인 기사 마쓰모토가 몽둥이를 들고 나타났다. 그는 정봉준을 몽둥이로 마구 두드려 팼다. 여기에 다른 2명의 일본인도 가세하여 3명의 일본인이 정봉준을 집단 폭행했다. 얼마나 얻어맞았는지 정봉준은 그 자리에서 기절하고 말았다. 3명의 일본인이 1명의 한국인을 폭행한 이 사건은 얼마 후 영흥 전역을 뒤흔들 총파업의 도화선이 됐다.

강원도에 인접한 영흥은 흑연이 많이 매장된 곳이었다. 1933년에 「조선일보」는 "지도를 펴놓고 눈을 감은 채로 손끝이 닿는 곳

을 파기만 하면 금 아니면 철 아니면 석탄, 무엇이든지 한 가지 광
(鑛)은 나올 모양"이라며 함남의 광물자원 부존량을 거론하는 대
목에서 "영흥의 흑연"을 언급하기도 했다.* 오늘날 흑연은 전기차
배터리의 핵심 소재다. 이 흑연을 캐내는 영흥 노동자들은 지금으
로 치면 첨단 광물을 캐는 생산 담당자들이었다.

흑연이 많이 나는 영흥을 일본 자본가들이 놓칠 리 없었다. 영
흥의 광산 대부분이 일본 자본에 의해 채굴됐고, 특히 흑연 광산
에는 일본 자본이 집중적으로 투자됐다.** 오영근, 이영실, 주경
민, 최여람. 이들은 그곳에서 피땀 흘리며 광물을 캐던 한국인 노
동자들이었다.

일본인의 '묻지마 폭행'이 부른 파업

●

정봉준에 대한 집단 폭행은 단순한 개인 간의 싸움이 아니었
다. 일본인들의 이 '묻지마 폭행'은 영흥 사람들의 민족감정에 불
을 질렀다. 노동자들은 즉각 항의 파업에 돌입했다. 산하광업소에
이어 스미토모 재벌 계열사인 원상사의 탄광 노동자들, 흑석령흑
연주식회사 노동자들도 파업에 합류했다.

노동자들의 요구는 간명했다. 해가 진 뒤에는 일을 시키지 말

---

* 1933년 8월 23일자 「조선일보」 '광업으로 본 함남' 참조.

** 1992년 4월에 『사회와 역사』에 실린 이준식의 '일제침략기 영흥지방의 노동운동' 참조.

것, 즉 하루 8시간만 일하고 쉬게 해줄 것과 하루 최저임금을 1원으로 인상할 것이었다. 한 달에 10원도 못 버는 노동자가 부지기수인 시절이었지만 노동 강도도 매우 높고 위험하기 짝이 없는 광산 노동의 특수성을 감안하면 정당한 요구였다.

파업이 시작되자 영흥경찰서가 움직였다. 제3자여야 할 공권력이 노골적으로 사측을 편들었다. 경찰은 광부 대표들을 선동죄로 구속했다. 오영근, 이영실, 최여람, 주경민이 구속됐다. 경찰은 새로운 지도부의 등장을 막기 위해 극단적인 조치까지 내렸다. 광부들의 집회를 일체 금지시킨 것이다. 심지어 2명 이상이 모이는 것까지 금지했다. 식사 시간에도, 퇴근할 때도 광부들은 항상 혼자 있어야 했다.

사측의 자충수, 축제가 된 파업

•

수백 명이 파업에 참여하자 사측은 대체근로라는 잔꾀를 짜냈다. 가까운 원산에까지 사람을 보내 대체인력을 모집했다. 그런데 이것이 오히려 화근이 됐다. 원산은 노동운동이 활발한 곳이었다. 흑연광 회사가 원산에서 인부를 모집한다는 소식을 들은 원산노동연합회는 즉시 대응했다. 파업 광부들에게 동정금을 보내고 응모규찰대를 조직해 대체인력을 모집하지 못하게 했다. 중국인 노동자가 응모할 가능성이 있다는 정보를 입수하자 중국영사관을 찾아가 협조를 구하기까지 했다.

대체인력을 구해서 파업을 방해하려던 사측의 시도는 연대파업으로 확산되는 역효과만 낳았다. 11월 30일에는 영흥인쇄직공조합, 운수노동조합, 전영흥우차부조합까지 파업에 동참했다. 전 산업이 파업에 돌입하면서 영흥 시가에는 긴장감이 돌았다.

그런데 놀라운 일이 벌어졌다. 영흥 군민들이 파업으로 인한 불편을 감수하는 데 그치지 않고, 총파업을 지역 축제로 만들기 시작한 것이다. 경찰력이 총동원되어 경계에 나섰지만, 영흥 시민들은 파업 광부들을 찾아갔다. 그들은 함경도 사람들이 잔치할 때 삶는 온면을 날랐다. 도수가 35도나 되는 소주도 날랐다. 일제 경찰의 감시도 아랑곳하지 않았다. 영흥 군민들의 온면과 소주 응원에 광부들은 감격했다.

고용주들이 지지하고, 경찰서장이 중재하고

여러 분야 노동자들의 연대파업으로 열기가 확산되고 오영근 등의 석방을 요구하는 상황이 계속되자 새로운 국면이 펼쳐졌다. 지역 업체 고용주들이 놀랍게도 총파업 지지를 선언했던 것이다. 12월 6일자 「동아일보」를 보자.

> "영흥 각 방면의 고주(雇主)들은 (중략) 이 동정파업이 비록 자기네에게 손해를 끼치는 중이나 노동자의 처지로 보아서는 동정파업을 하는 것이 정당하다고 인정하였다."

고용주들이 각종 업체 대표와 노동자들의 연석회의를 열어 파업 해결과 구속자 석방을 함께 논의하기 시작했다. 사태가 전혀 뜻밖의 방향으로 전개되자 오영근 등을 구속하고 2인 이상의 회합을 금지했던 영흥경찰서가 돌변하여 이번에는 경찰서장이 중재에 나섰다. 임금 인상분을 제시하고 구속 노동자 석방을 약속했다. 지역민들에 이어 공권력까지 노동자들을 편들게 됐으니, 이 총파업은 민중의 승리로 끝날 수밖에 없었다.

일제의 한국 착취로 궁극적 이익을 얻은 집단은 일본 군대나 경찰이 아니라 일본 자본가들이었다. 한국인 착취를 배후에서 추동한 세력은 그들이었고, 착취의 결과물은 주로 그들의 뱃속으로 들어갔다. 그렇기에 독립군이 일본군을 격파하는 것 못지않게 중요한 것이 한국 대중에 대한 그런 착취에 타격을 가하는 일이었다. 독립군이 일본군과 싸우는 목적도 결국 일제가 한국 민중을 착취하지 못하게 막는 데 있었다. 오영근 등이 앞장선 영흥 총파업은 대일투쟁의 본질을 보여주는 것이었다. 이 파업을 노동운동사가 아닌 독립운동사에서 다루는 것은 이것이 노동자의 승리인 동시에 한국 민중의 승리였기 때문이다.

영흥 광산 노동자 총파업은 지역 대중과 원산 노동운동가들의 지원에 힘입어 온면과 소주가 흥을 돋우는 마을 축제로 승화됐다. 그 결과 지역 자본가들과 경찰서장까지 노동자들 편에 선, 보기 드문 역사의 한 장면이 만들어졌다. 독립군이 전투에서 거둔 승리 못지않은, 어쩌면 그보다 값진 영흥 노동자들의 대일 승전보였다.

84일간의 역사적 총파업, 노동의 승리였다

– 일본의 차별과 구타에 맞서 총파업을 벌인 원산 노동자들

1920년 상반기, 서울 용산역. 20살 청년 이봉창이 출근했다. 지난해 8월에 시용부(임시직)로 시작해 그해 1월 16일에 정식 역부(驛夫)가 된 지 얼마 안 됐다. 정규직이 되었으니 기쁜 일이지만 그의 표정은 밝지 않았다.

옆 사무실에 일본인 직원들이 있었다. 그들은 1년 만에, 어떤 이는 1년 반 만에 용인(傭人)에서 용원(傭員)으로 승급했다. 이봉창보다 1년, 1년 반 늦게 입사한 이들이었다. 이봉창이 직접 일을 가르쳤던 사람들이었다. 그런데 지금은 그들이 전철수가 되고, 배차계 견습이 되었다. 거꾸로 이봉창이 그들 밑에서 일하게 되었다.

12년 뒤인 1932년 1월 8일, 그는 도쿄에서 히로히토 일왕을 향해 수류탄을 던졌다. 용산역에서 느낀 그 분노가 폭탄이 되었다.

체포되어 법정에 제출한 상신서에서 자신이 받은 민족 차별을 이봉창은 이렇게 썼다.

"조선인은 아무리 일을 잘해도, 아무리 착실하게 근무해도 1년 만에 전철수로 올라갈 수 없었다. 일본인은 정말로 행운아였다."*

이봉창은 노동자 차별과 한국인 차별이라는 이중적 불합리에 분노해 훗날 항일투사로 변신했다. 이렇게 변신하는 사람들이 이 시대의 '별종'이 아니었다는 점은, 비슷한 시점에 원산 총파업을 일으킨 노동자들의 사례에서도 증명된다. 그런 변신은 그 시대의 평범한 사람들이 하는 것이었다. 그만큼 일제의 차별은 지독했다. 그 증거가 1929년 원산에 있었다.

일본인 감독은 그날도 한국인 노동자를 때렸다

•

원산 총파업은 이봉창이 히로히토를 겨누기 3년 전인 1929년 1월 14일 개시됐다. 4월까지 80일 넘게 이어지며 한국 노동운동사에 거대한 한 획을 그은 파업의 시작은 이러했다. 1928년에 함경남도 덕원군 문평리에 라이징 선(Rising Sun) 석유회사의 문평저유소에서 일이 시작됐다. 영국인이 경영하는 회사였지만 지배인을

---

* 홍인근, 『이봉창 평전』(2002) 참조.

제외한 모든 간부는 일본인이었다. 그들은 조선인 노동자를 멸시하고 저임금에 장시간 노동을 강요했다. 조선인 노동자들의 원성이 자자했다.

그중에서도 고다마라는 일본인 감독은 툭하면 조선인 노동자를 구타하는 것으로 악명이 높았다. 그해 9월 초 또다시 고다마가 조선인 노동자를 구타했다. 분개한 조선인 노동자 120여 명은 파업에 돌입했다. 그들의 요구 사항은 구타 사건의 주범인 고다마의 해임, 노동 조건 개선, 민족 차별 중단을 포함한 5가지였다.*

원산노동연합회(원산노련)가 그들을 지원했다. 지역 운송 노동자들이 동맹파업으로 응원했다. 심지어 회사 사무직원들도 사표를 던지며 동조했다. 회사는 일본 경찰을 동원해 노조 간부를 검거했다. 일본인 노동자들로 구성된 대체인력을 투입했다. 그러나 일본인 노동자들은 파업 분위기에 부담을 느끼고 모두 돌아갔다. 파업 20여 일 만에 회사가 백기를 들고 문제를 해결하겠다고 했다. 노동자들이 환호했다.

그러나 회사는 약속을 지키지 않았다. 언제 그랬냐는 듯 태도를 바꿨다. 오히려 취업규칙을 이전보다 개악했다. 노동자들을 우롱했다. 원산노련이 긴급 중앙위원회를 열고 새로운 요구 조건을

---

* 『노동사회』 2000년 제40권에 실린 노광표 한국노동사회연구소 교육실장의 논문 '원산총파업: 일제하 노동운동의 꽃' 참조.

제시했다. 8시간 노동과 취업규칙 개정이 그것이었다.[*]

더 이상 문평제유 노동자 대 회사의 싸움이 아니었다. 원산 지역 자본가들이 원산상업회의소(원산상의)에 권한을 위임했다. 원산상의의 지휘 아래 부두 노동자 450명이 해고되었다. 반대편에서는 원산 지역 노동자들이 원산노련에 권한을 위임했다. 원산노련의 주도로 두량노조, 해륙노조, 결복노조, 운반노조, 원반중사조합, 원산제면노조 등의 노동조합들이 파업에 가담했다.

총노동 대 총자본. 원산 전체가 두 진영으로 나뉘었다. 그러나 이것은 공정한 일대일 대결이 아니었다. 제3자여야 할 식민지 정치권력이 자본 편에 섰다. 그냥 응원하는 것이 아니었다. 링 위로 뛰어올라 '1 대 2' 구도를 만들었다. 대규모 경찰력이 투입되었다. 그것도 부족했는지 군대까지 파견되었다. 함흥보병대에서 300여 명의 군인이 원산으로 왔다.

일본인 재향군인, 청년회, 소방대원이 동원되어 시가지를 엄중히 경계했다. 계엄령을 방불케 하는 살벌한 공포 분위기가 조성되었다. 군대까지 동원한 것은 선전포고나 다름없었다. 일제는 원산 총파업을 단순한 노동문제가 아니라 민족문제로 대했던 것이다.

일제 군대와 경찰까지 가세해 노동자들을 구타하고 검거하는 상황에서 원산 노동자들이 살아남는 길은 그 자신들의 힘에 의지하는 것뿐이었다. 그래서 1만여 명에 달하는 원산 노동자들은 스

---

[*] 이원보, 『한국노동운동사 100년의 기록』(2013) 참조.

→ 1929년 2월 1일자 「조선일보」가 원산 총파업을 보도한 사진. 사진에는 '단결의 위력을 보이는 원산노동연합회원'이라는 설명이 붙어 있다.

스로를 채찍질했다. 이들은 가족들과 더불어 술과 담배를 끊었다. 하루에 두 끼만 먹으면서 투쟁기금을 만들었다. 그것으로 총독부 와 원산 자본가들의 연합 공격에 저항했다.

노동자들의 피나는 투쟁은 세상의 마음을 움직였다. 전국 각지 에서 동정금이 날아왔다. 동정편지가 도착했다. 격려 연설이 이어 졌다. 국내뿐만이 아니었다. 일본에서, 중국에서, 프랑스에서, 소련 에서 세계 각지의 노동자들이 격려와 후원을 보내왔다.

이 시기에 해외동포들이 보내온 응원의 글들이 총독부 경무국

朝鮮元山の総罷業に関する声明書

全國青年團體會議

→ 일본 노동자의 원산 노동자 총파업 응원 성명서(1929).

이 발행한 「조선출판경찰월보」에 수록돼 있다. 식민지 한국에서 유통되는 '불법' 출판물까지도 소개한 이 월보에서 원산 총파업을 응원하는 전단들을 발견할 수 있다.

만주에 소재한 재만(在滿)농민동맹 중앙상무위원회는 "원수 일본제국주의에 모든 것을 강탈당하고 만주 황야에서 죽는 우리는 참담한 고국에서 불어오는 피비린내 나는 바람에서 친구들이 혈전하는 함성을 듣는다."라며 "8시간 노동제를 쟁취하자!", "감금된 전위투사를 탈환하자!", "총독정치를 배격하자!", "조선독립 만세!" 등을 외치는 글을 보내왔다.

재일조선노동총동맹 도쿄조합도 응원을 보내왔다. "용전하는 원산의 동지들이여, 놈들의 폭압과 간책을 일축하고 필승을 기하여 용감하게 싸워라"라며 "공동의 적 ××제국주의를 타도하라"는 내용이었다. 전단을 베껴 쓰는 경무국 직원이 차마 옮겨 적을 수 없는 단어를 '××'로 표기한 듯하다. 전단에는 "조선민족 해방 만세!", "조선 노동자, 농민 해방 만세!"라는 구호도 적혀 있었다.*

원산 노동자들의 총파업은 그해 4월 6일 종결됐다. 원산노련의 직장복귀 결정에 따른 것이었다. 완전한 승리는 아니었다. 8시간 노동제는 관철되지 않았다. 해고된 노동자들이 모두 복직하지도 못했다. 식민지 한국의 노동문제가 근본적으로 해결되지도 않았다.

그러나 이 총파업은 한국 노동운동사의 기념비적 사건으로 기억되고 있다. 이것은 한국 노동자들이 노동해방과 민족해방을 연계하며 투쟁력을 강화하는 토양이 됐다. 파업은 끝났지만 투쟁은 멈추지 않았다. 1929년 12월, 원산노련 집행부가 재건되었다. 1930년 1월에는 원산 대파업을 기념하는 대규모 집회가 열렸다. 수천 명이 모였다. 1년 전 그날을 기억하고 84일간의 가열찬 투쟁을 되새겼다. 그리고 1930년대에 합법적 노동운동이 불가능해질 정도로 일제의 탄압이 거세진 상황에서도 비합법적 노동운동을 이어갈 수 있는 숨은 동력이 되었다.

원산 총파업이 광범위한 지지를 받을 수 있었던 것은 일제의 노동 착취가 한국인 차별과 맞물리며 세상 사람들의 분노를 한층

---

* 『개념과 소통』 2019년 제23호에 실린 배상미 선문대 연구원의 논문 「조선출판경찰월보」에 수록된 원산 총파업 지지 삐라' 참조.

→ 파업 당시 원산 풍경을 담은 1929년 2월 4일자 「조선일보」가 원산 총파업을 보도한 사진. 왼쪽 맨 위부터 차례로 1만여 석의 쌀이 도착한 부두와 경계를 펴고 있는 경관들의 모습, 6개월간 쌀을 저장했던 노동조합 건물, 쌀 운반을 경계하는 경관대의 모습이다. 오른쪽 사진은 농민들이 300여 묶음의 땔감을 운반하는 모습과 단결 노동자들의 비장한 결의가 담긴 장면이다.

더 강렬하게 자아냈기 때문이다. 그런 부조리에 맞서 이 시대 한국인들은 이봉창처럼 단독 의거 형태로 맞서기도 하고 원산 노동자들처럼 집단 투쟁 형태로 저항하기도 했다. 이봉창이 별종이 아니었으며 이 시대에는 누구라도 '반일분자'가 되지 않을 수 없었음을 보여주는 사건이다. 일제의 지배가 한국인들의 삶을 윤택하게 만들었다는 식민지근대화론이 얼마나 얼토당토않은 주장인지를 다시금 느끼게 된다.

하지만 일본은 원산 총파업으로부터 별다른 교훈을 얻지 못했다. 인간을 그렇게 대해서는 안 된다는 점을 깨닫지 못하고 있다. 식민지 전 기간에 한국인 노동자들을 착취하고 차별한 것도 모자라 수백만 한국인들을 강제노역시키기까지 했던 일본은 '강제징용 피해자들에게 1억 원씩만 지급하라'는 유리한 조건까지도 거부하며 지금도 여전히 파렴치함으로 일관하고 있다.

18

노비문서를 불태우고 땅문서를 나눠준 도련님

— 적박단과 신간회, 형평사 운동에 평생을 바친 안병희

1906년, 경상도 밀양 부잣집의 16살 도련님 안병희는 집안의 노비들을 불러모았다. 그리고 노비문서를 꺼냈다. 이미 1894년에 노비제는 폐지되어 법적 효력은 없었다. 하지만 여전히 집안에 보관되어 있었다. 부칠 땅이 없는 농민들은 예전처럼 옛 주인에게 의존했다. 노비문서는 사실상 살아 있었다.

안병희는 노비문서에 불을 붙여 태워버렸다. 노비문서는 재가 됐지만 그것만으로는 부족했다. 노비문서를 태운다고 해서 전직 노비들이 먹고 살 수 있는 것은 아니었다. 오늘날로 치면 무책임한 해고 통지나 마찬가지였다.

그래서 안병희는 한 걸음 더 나아가 땅문서를 분배했다. 그의 행동은 '무책임한' 해고 통지가 아니었다. 이 조치는 전직 노비들을 실질적으로 해방시키는 것인 동시에 해방된 뒤에도 그들이 먹고 살 수 있게 도와주는 것이었다. 이는 자기 집에서부터 무계급 사회를 실천하는 일이었다. 그러나 그 집 노비들은 도련님의 성의를 정중하게 거절하고 집안 어른들에게 땅문서를 반납했다.

이것을 알게 된 집안은 발칵 뒤집어졌지만 안병희는 이미 서울행 기차에 몸을 실은 뒤였다. 16세 소년의 가출이었다.

서울 한복판에서, 붉은 우박처럼

•

3·1운동 5년 뒤인 1924년 11월 9일, 적박단(赤雹團)이라는 항일운동단체가 결성됐다. 적박. 붉은 우박, 또는 붉은 우박처럼 두들긴다는 도전적인 이름이었다. 용기백배해 대담성의 첨단을 달린 조직이었다. '조선 해방'과 '무계급 사회'를 강령으로 표방했다. 그리고 이 강령에 위반되는 개인과 단체에 대한 무력 공격을 예고했다. 김원봉 의열단의 국내판이었던 셈이다. 하지만 의열단은 중국에 있었고 적박단은 서울 한복판에 있었다.

이처럼 도전적 이름을 내건 단체가 사무실 위치까지 다 공개됐다. 지금의 헌법재판소가 소재한 서울 종로구 재동에 버젓이 사무소를 내고 이를 언론에도 알렸다. 불의한 개인이나 단체를 응징할 테니 언제든 신고해달라는 것이었다.

그해 12월 12일자 「동아일보」는 이 단체 회원이 40여 명이라면서 "불미한 행동을 하는 자가 있으면 그 사무소로 통지하여 주기

를 바란다."는 당부를 전했다. 3년 뒤에는 단원 숫자가 "수백"으로
늘어났다.*

독립운동가 안병희와 허일 등이 참여한 이 단체는 혁명적 구호
를 표방하는 데 그치지 않고, 꽤 과격한 방식으로 이를 실천했다.
1924년 12월 12일. 적박단 단원 수십 명이 서울 재동의 북풍회
사무실을 공격했다. 북풍회는 좌파 활동가들의 조직인데 왜 공격

---

* 1927년 8월 24일자 「동아일보」 2면 중간에는 단원 숫자가 "수백"이라고 적혀 있다.

을 했을까? 이유가 있었다. 북풍회의 서정희가 전남 신안군 암태도 소작쟁의에서 소작인들이 아니라 지주 편을 들었다. 좌파를 표방하면서 농민을 배신한 것이다. 적박단은 용서하지 않았다. 같은 편이라고 봐주지 않았다. 혁명적 강령을 배신한 자는 응징받아야 했다. 수십 명이 북풍회 사무실로 몰려갔다.

적박단의 활동은 국경을 넘었다. 중국공산당과 함께 국공합작을 이뤄 북방 군벌과 제국주의에 맞서는 중국국민당과도 협력을 모색했다. 1927년 4월에 적박단 핵심 인물 허일이 톈진에서 중국국민당과 비밀 회견을 했다가 북방 군벌에게 체포되기도 했다.

→ 1919년 5월 4일 천안문 광장. 베이징 소재 13개 대학 3,000여명의 학생들이 베르사유 조약 제 156조(중국 내 독일 영토를 일본에 양도하는 조항, 산둥 문제)에 반대하기 위해 이곳에 모였다. 이 사건이 공식적으로 5·4운동의 시발점이 되었다.

그런데 일제 경찰은 왜 적박단을 그냥 뒀을까? 답은 시대 배경에 있었다. 1918년 제1차 세계대전이 끝났다. 4년간의 전쟁으로 제국주의 국가들은 지쳐 있었다. 힘이 빠졌다. 1919년 한국에서 3·1운동이 일어났고, 중국에서 5·4운동이 일어났다. 일본에서도 민주주의운동이 활발했다. 국가권력들이 일시적으로 약화됐다. 대중들의 에너지가 강했다. 힘의 공백 상태였다. 적박단은 이 틈을 비집고 들어갔다. 게다가 수십 명을 동원해 물리력을 행사할 수 있는 조직이었다. 일제 경찰도 섣불리 건드리기 어려웠다.

일제는 순종 황제 장례일을 기해 궐기한 6·10만세운동 직전에

서울 시내에 계엄을 선포했다. 제2의 3·1운동을 우려했기 때문이다. 만세운동 이틀 전인 6월 8일에는 적박단을 압수수색했다. 그만큼 경계했다는 뜻이다. 하지만 여전히 적박단은 대담하게 활동했다.

1927년 8월, 스스로 해체하다

•

1927년 7월 25일. 다나카 기이치 내각이 히로히토 일왕에게 상주문을 올렸다.

'세계를 정복하고자 한다면 먼저 반드시 중국을 정복해야 합니다.'

정세가 바뀌고 있었다. 지난 몇 년 간의 힘의 공백이 메워지고 있었다. 제1차 세계대전 종전 이후에 숨 고르기를 하던 일본이 중국 정복을 본격화했다. 일본 제국주의에 군국주의 성격이 가미되는 이 같은 전략적 변화는 실제로 1931년 만주사변과 1937년 중일전쟁 도발로 이어졌다. 적박단은 1927년 8월에 정세 변화를 명분으로 해체를 선택했다. 새로 조성되는 군국주의 정세 하에서는 종전처럼 대담한 활동을 하기 어렵다는 현실적 판단이 작용했던 것이다.

9월 3일 안병희가 경과 보고를 했고 적박단은 해체됐다. 바람처럼 나타났다가 바람처럼 사라졌다. 서울 한복판에서 항일 구호

를 마음껏 외치다가, 정세를 읽고 스스로 물러났다. 절묘한 판단이었다. 적박단은 세계대전 이후에 조성된 국가권력들의 약화를 배경으로 등장했다가 국가권력들이 힘을 추스르는 시점에 스스로 해체를 선택했다. 세계정세를 꽤 면밀하게 관찰하고 있었던 것이다.

안병희는 적박단 활동으로 서대문형무소에 갇혔다가 1929년 석방됐다. 그의 나이 39세였다. 16세에 노비문서를 태우고 떠났던 고향 밀양으로 돌아왔다. 23년 만이었다. 하지만 그는 멈추지 않았다. 신간회 밀양지회 총무간사로 활동했다. 조선형평사에도 참여했다. 천민 중의 천민이었던 백정들의 신분 해방을 위한 운동이었다.

화악산 밀림에서 군사조직을 꾸리다

●

안병희는 적박단 활동을 하기 전에는 밀양 초동학교(훗날의 초동 공립보통학교)를 세워 애국계몽운동을 했다. 3·1운동 이후에는 서울에서 고학생동맹과 조선노동학원을 운영하면서 노동자·청년 학습운동을 전개했다. 조선공산당 운동에도 참여한 경력이 있다.[*] 그는 절묘한 시점에 적박단을 해체해 단원들의 안전을 지켜줬지만, 정작 그 자신은 적박단 활동으로 인해 옥살이를 했다.

안병희는 언론의 주목을 받는 운동가였다. 1931년 1월 27일자 「동아일보」 3면 좌중단에는 그가 임시의장이 되어 신간회 밀양지회 정기대회를 주재한 일이 보도됐다. 그렇게 널리 알려진 인물인데도 그는 주변의 시선을 의식하지 않고 일제 막판에 무장투쟁을 전개했다. 강제징용과 강제징병을 거부하는 청년들을 밀양 화악산 밀림에 모아놓고 군사조직을 꾸렸다. 적박단 때의 기백이 살아 있었던 것이다.

"반쪽 나라 훈장을 받을 분이겠냐?"

●

안병희는 해방 직후에 건준 밀양지부 부위원장으로 활동했다. 하지만 그의 뜻은 미군정 체제하에서 꺾였다. 미군 지배하에서 그

---

[*] 안병희의 증손인 안영민 전 민족21 대표이사가 쓴 『아버지 안재구』(2025) 참조.

는 자기 뜻을 온전히 펴지 못했다. 정부수립 이후에도 그랬다. 그는 남북이 분단되고 전쟁까지 벌이는 것을 목격했다. 그런 뒤 "너도 자식들에게 올바른 세상을 물려주겠다는 마음으로 살았으면 한다."는 유언을 손자에게 남기고 1953년 12월 11일 세상을 떠났다.

1987년 6월항쟁 이후로 사회주의계열 독립운동가들이 독립유공자 훈장을 받는 일이 많았다. 『아버지 안재구』에 따르면, 증손 안영민은 손자 안재구에게 안병희의 독립유공자 지정 문제에 관해 이야기했다. 이때 안재구는 이렇게 대답했다.

"그런 소리 하지 마라. 내 할아버지가 반쪽나라, 그것도 미국놈이 세운 나라에서 주는 훈장을 받을 분이겠나? 오히려 부끄러워하실 분이다."

이봉창의 폭탄 주머니는
누가 꿰맸나

– 한인애국단원이자 김구의 수행비서였던 이화림

"나는 돌아오는 길에 천 조각을 사서 밤새워 이봉창이 말한 양식으로 바짓가랑이 주머니를 만들었다."[*]

이봉창 의사는 김구의 한인애국단으로부터 히로히토 일왕에게 수류탄을 던지라는 임무를 부여받았다. 이 임무를 안고 그는 서른 살 때인 1931년 12월 17일 백범 김구에게 이별을 고한 뒤 상하이항을 떠났다. 이틀 뒤 그는 도쿄에서 서남쪽으로 약 430킬로미터 떨어진 고베항에 도착했다.

고베항에 내린 이봉창의 양쪽 허벅지에는 비단으로 만들어진

---

[*]　강환제, 『이화림 회고록』(2015) 참조.

묵직한 수류탄 주머니가 하나씩 달려 있었다. 수류탄을 넣은 두 주머니의 끈은 배꼽 부근에서 묶여서 몸에서 떨어지지 않게 만들어져 있었다. 그런 상태로 중국에서 일본까지 건너갔으니, 한 걸음씩 발을 내디딜 때마다 얼마나 신경을 곤두세웠을지 짐작조차 할 수 없다. 주머니나 끈이 조금이라도 부실했다면 이봉창은 히로히토 앞에 가기도 전에 수류탄을 땅바닥에 떨어트렸을 수도 있다. 주머니와 끈이 잘 만들어지고 2개의 주머니가 짱짱하게 연결됐기에 이봉창의 거사는 무사히 성공할 수 있었던 것이다.

김구의 수행비서, 폭탄 주머니를 한 땀 한 땀 꿰매다

•

폭탄 주머니를 연결하는 아이디어는 이봉창의 머리에서 나왔다. 하지만 주머니를 만든 사람은 그가 아니었다. 김구도 아니었다. 3년간 김구의 수행비서였던 이화림(1905~1999)이 바로 그 제작자다. 본인의 구술을 토대로 출간된 『이화림 회고록』(2015)이 그때 상황을 구체적으로 묘사한다.

회고록에 따르면, 55세의 김구와 30세의 이봉창과 26세의 이화림이 히로히토 처단 방법을 논의하는 자리가 있었다. 김구는 이 자리에서 "남은 문제는 어떻게 폭탄을 들고 갈 것인가의 문제인데 무척 쉽지가 않구나."라고 한탄했다. 이때부터 여러 가지 아이디어가 참석자들의 머리에서 나왔다가 폐기됐다. 그러던 중, 이봉창이 손가락으로 자기 몸을 가리키며 한마디 했다. "폭탄을 바짓가랑

이 주머니에 넣고 꿰매는 것은 어떻습니까?"라는 제안이었다. 이때 이화림은 고개를 떨궜다. 김구는 "그거 좋은 방법"이라며 "그렇게 만들면 될 것 같다."고 말하고, 이봉창은 손가락으로 그림을 그려가며 구체적인 디자인을 설명했다.

이 회의 결과를 토대로 이화림은 밤을 새워 폭탄 주머니를 만들었다. 이 주머니들은 다음 날 김구에게 전달됐고, "이봉창도 매우 만족"했다는 이야기가 김구를 통해 이화림에게 전해졌다. 이봉창은 그 주머니로 도쿄까지 수류탄을 지니고 가서 1932년 1월 8일 히로히토 앞에 나섰다.

31세의 이봉창이 도쿄에서 의거를 일으킨 데 이어, 같은 해 4

월 29일에는 상하이 훙커우공원에서 24세의 윤봉길 의거가 이어졌다. 백범 김구가 기획하고 준비한 이 두 의거는 그가 국제적 인물로 부각되는 계기가 되는 동시에, 1920년대 중반 이후 침체됐던 독립운동에 활기를 불어넣는 계기가 됐다.

윤봉길 의거, 원래는 둘이었다?

1931년 9월 18일 만주사변을 일으킨 일본은 이듬해 1월 28일 상하이사변을 도발해 이 도시를 점령했다. 그런 뒤 전승 축하식 겸 천장절을 4월 29일 훙커우공원에서 거행하려 했다. 이 행사장에 폭탄을 던져 일본군 사령관 시라카와 등을 응징한 것이 윤봉길 의거다.

하지만 처음에 이 의거는 두 사람의 의거로 구상되었다. 김구가 원래 생각했던 작전은 이화림과 윤봉길이 부부로 위장해 현장에 들어가서 폭탄을 던지는 것이었다. 실제로 이 구상에 따라 이화림은 윤봉길과 훙커우공원에 가서 주변을 정탐하고 동선과 일본 군의 검열 지점 등도 탐색했다. 그리고 시라카와의 사진과 일장기 한 장을 사는 등 사전준비까지 모두 마쳤다.

훙커우공원에서 폭탄을 던진 직후에 윤봉길은 떼 지어 달려오는 헌병들에게 붙들렸다. 그런 상태로 "대한독립 만세!"를 외치며 홀로 얻어맞았다. 그런데 김구가 세운 애초 계획대로 했다면, 윤봉길 옆에 이화림도 있었을 것이다. 그리고 역사적인 이 사건의 명

→ 태극기 앞에 선 이봉창 의사(왼쪽)와 윤봉길 의사의 선서 장면(오른쪽). 두 의사의 의거 뒤에는 그들을 도운 이화림 지사의 그림자가 어른거린다.

칭은 '윤봉길·이화림 의거'로 알려지게 됐을 것이다.

그런데 거사 직전, 김구의 생각이 바뀌었다. 김구는 "두 사람을 모두 잃을 수는 없다."며 윤봉길만 홀로 훙커우공원에 보냈다. 회고록에서 이화림은 4월 29일 이전의 몇 날 동안 밤잠을 설쳤노라고 말했다. 너무나 설렜기 때문이다. 그의 말은 이렇다.

"상하이에 와서 보아왔던 많은 애국지사의 영웅적인 업적은 나를 매우 고무시켰다. 특히 안중근 의사가 이토 히로부미를 저격한 자료를 본 이후, 나는 며칠 동안 잠 못 이루며 반복해서 생각을 했다. 만일 내가 일본의 중요 우두머리를 사살할 기회를 갖는다면 정말 좋을 것이라 생각했다. 그 기회가 지금 찾아온 것이었다. 나는 내 자신의 꿈이 이제 곧 실현될 것 같아 매우 흥분되었다."*

김구의 면접, "너의 조국은 어디냐?"

•

이화림은 원래 이름은 이춘실이며 1905년에 평양의 가난한 집에서 태어났다. 숭현소학교에서 유아교육을 공부해서 유아원에 취직했다. 1927년, 22세에 조선공산당에 입당했고 학생운동에도 참여했다.** 그리고 3년 뒤인 1930년, 25세의 이화림은 본격적인 항일투쟁을 위해 상하이로 망명했다. 상하이에서 그는 주시경의 후계자이자 독립운동가 겸 한글학자인 김두봉을 만났다. 김두봉은 임시정부 산하 인성학교의 교장이었다.

이화림은 김두봉을 통해 김구를 소개받았다. 이화림은 김구를 몹시 만나고 싶었고 한인애국단에 가입하고 싶은 열망도 컸다. 하지만 처음 만났을 때 김구의 반응은 차갑기만 했다. 조금도 반가운 기색이 없었다. 이화림은 생각했다.

'내가 여성이기 때문일까?'

그는 다시 찾아갔다. 또 찾아갔다. 재차 자신의 뜻을 표명했다. 한인애국단에 꼭 가입하고 싶다고. 그때 김구가 갑자기 물었다.

———————————

* 강환제, 『이화림 회고록』(2015) 참조.

** 『여성과 역사』 2019년 제31호에 실린 이선이 을지대 강사의 논문 '중국이주 여성 독립운동가 이화림의 생애에 대한 고찰' 참조.

→ 1930년대 초의 김구.

"너의 조국은 어디냐?"

이화림은 틈을 주지 않고 답했다.

"저의 조국은 조선이고 저는 평양시에서 자랐습니다."

그것은 시험이었다. 만약 조선공산당원이라면 '나의 조국은 소련입니다'라고 답한다는 것을 김구는 알고 있었다.

"그것은 나에 대한 시험이었다. 나는 김두봉 교장 선생님께서 말씀하신 것을 들은 적이 있는데 만약 조선공산당원이라면 '나의 조국은 소련입니다'라고 대답한다는 것이다. 나의 회답은 나에 대한 김구 선생의 의심을 없앴고 그는 내가 공산당원이라 여기지 않았다."*

* 강환제, 『이화림 회고록』(2015) 참조.

이화림의 답변은 김구의 의심을 없앴다. 그는 이화림을 한인애국단에 받아들였다. 그리고 이화림은 정탐 임무와 특수작전을 수행하기 시작했다. 조선공산당에 입당했던 인물이 전혀 다른 이념을 가진 김구와 동지가 됐다. 이화림과 김구를 매개해준 것은 성격적 기질이라고 할 수 있다.

안중근의 의거를 생각하며 며칠 밤을 설쳤다는 말에서 확인되듯이 이화림은 의열투쟁 방식의 독립운동을 선호했다. 김구가 조직한 한인애국단도 이런 방식의 항일투쟁을 수행했다. 회고록에서 이화림은 김구가 "대한민국임시정부도 반드시 암살 조직을 만들어야 한다."라며 한인애국단을 창설한 일을 언급하는 대목에서 "나는 당시 김구 선생을 매우 숭배해서 가능한 빨리 그를 뵙고 싶었다"고 말했다. 이념은 다르지만 기질적으로 비슷한 김구의 투쟁 방식에 매료됐던 것이다.

두 갈래 길, 그리고 백범과의 영원한 결별

•

한인애국단의 일원이 되어 이봉창·윤봉길 의거에 동참했지만, 이화림의 이 단체 활동은 오래가지 못했다. 윤봉길 의거 뒤에 그는 김구와 결별했다. 이번에는 이념적 차이가 훨씬 더 큰 원인이 됐다. 의거 뒤에 임시정부에 대한 일제의 탄압이 강화되자 임시정부는 상하이를 벗어나 항저우로 옮겨갔다. 이런 정세 변화로 인해 그는 상하이에서 더 이상 역할을 찾지 못했다. 『이화림 회고록』에 따르면 이화림은 홍커우공원 폭탄 투척 사건 발생 후에 줄곧 두문불출했다.

1932년 여름, 이화림은 오랜만에 상하이를 찾아온 김구에게 "광저우에 가서 공부하고 싶다."는 뜻을 밝혔다. 이화림이 광저우에서 만나고자 하는 사람들의 이름을 대자, 김구는 "그들은 모두 공산주의자라서 자네도 그곳에 가면 공산화될 걸세."라며 반대했다. 이 대화는 그가 김구와 길을 달리하게 되는 계기가 됐다. 회고록은 이렇게 말한다.

"김구 선생은 내가 이해할 수 없는 말을 했다. 나는 김구 선생이 공산주의에 납득할 수 없는 편견을 가지고 있다는 것을 발견했으나, 그에게 변론을 할 수는 없었다. 나는 마음속 깊이 김구 선생을 매우 존경하고 그의 애국심에 탄복하고 있었다. 하지만 그의 혁명 투쟁 방식에 의문이 생겼고, 더 이상 그가 이끄는 길을 가고 싶지 않아졌다. 나는 그에게 고별했고, 그도 나를 더 이상 잡지 않았다."[*]

김구와 결별한 이화림은 민족혁명당·조선의용대·화북조선독립동맹 등에서 활약했다. 주시경의 후계자이자 훗날 북한 정권의 핵심이 될 김두봉과 많은 시간을 함께했다. 상하이를 떠난 뒤에 그는 광저우 중산대학에서 법학과 의학을 공부하고 조선의용군 병

---

[*] 강찬제, 『이화림 회고록』(2015) 참조.

원에서도 근무했다. 해방 2년 뒤인 1947년부터는 중국 다롄(대련)
에서 의사 생활을 했다. 연변조선족자치주 위생국장 같은 중국 공
직을 맡기도 했다.

김구가 지워버린 여성 혁명가, 그를 기억하라

•

다른 조직에서도 그랬지만 그는 김구의 한인애국단에서 핵심
인물이었다. 이봉창·윤봉길 의거 이외의 다른 항일투쟁도 김구
와 함께 수행했다. 그렇지만 그의 이름은 국가보훈부의 독립유공
자 명단에 없다. 그가 이봉창 의거의 조력자이고 윤봉길 의거의
핵심 참여자라는 점은 어렵지 않게 확인된다. 그런데도 독립유공
자로 지정되지 않는 것은 어불성설이다. 여기에는 김구의 영향도
작용했다. 김구는 자신의 독립운동에서 가장 핵심적인 두 사건을
도운 이화림을 『백범일지』에서 한마디도 언급하지 않았다. 김구가
이렇게 한 이유와 관련해 언론인 겸 역사저술가 임기상은 이렇게
해석하고 있다.

"『백범일지』에 이화림 이야기가 빠진 것은 그녀에 대한 김구 선생
의 인간적 서운함이 작용한 것 같다. 백범에게 있어 비서이자 한국
애국단의 핵심이었던 이화림의 존재는 컸다. 이화림은 재정난을 겪
고 있는 임시정부를 위해 나물 장사, 빨래, 수놓기 등을 하면서 활
동 경비를 지원했다. 그러면서 틈틈이 밀정 처단이나 연락 활동 등

주어진 임무를 충실히 수행해 김구 선생의 신임을 한 몸에 받았다. 그러던 그녀가 테러만으로는 조선의 해방을 이룰 수 없다는 신념에 따라 백범의 만류를 뿌리치고 혁명의 기지 광저우로 떠났으니 백범의 좌절이 얼마나 컸을까? 더구나 이화림이 백범이 싫어하는 좌익 계열의 항일운동 기지로 갔다는 점도 이화림을 회고록에서 지우게 한 요인으로 작용했던 것으로 보인다. 그렇게 세월이 지나면서 이화림이란 존재는 대한민국에서, 독립운동사에서 잊혀진 존재가 되었다."[*]

---

[*] 임기상, 『숨어 있는 한국 현대사 2』(2015) 참조.

20

일본 비행기 탈취하여
하늘로 탈출하다

— 일제의 공출, 부역, 징용을 모두 거부한 임도현

1931년 어느 가을날, 엔진 소리가 활주로를 가득 채웠다. 다치카와비행학교의 훈련용 비행기가 이륙 준비를 마쳤다. 조종석에 앉은 22세 청년 임도현은 계기판을 꼼꼼하게 점검했다. 평소와 다를 바 없는 일상적인 비행 수업이었다. 적어도 겉으로는.

교관의 신호가 떨어졌다. 임도현은 조종간을 당겼다. 비행기가 하늘 높이 솟아올랐다. 도쿄의 풍경이 점점 작아졌다. 그 순간, 임도현은 결심했다. 이 비행기는 다시 일본 땅으로 돌아오지 않을 것이다. 그는 기수를 남쪽으로 돌렸다. 제주도 출신의 젊은 조선 청년은 일본 비행학교의 훈련기를 몰고 하늘을 훨훨 날아 탈출하고 있었다.

1931년은 만주사변이 일어난 해였다. 일본이 대륙 침략의 발걸

음을 노골화하던 시기였다. 일제 강점기 말에는 수많은 조선의 청
년들이 일제의 압제에서 벗어나기 위해 탈출을 시도했다. 대부분
은 걸어서, 또는 배를 타고 힘겹게 국경을 넘었다.

일제 강점기 한국 청년의 탈출 장면 중에 가장 인상적인 것은
장준하의 일본군 탈영이다. 일본 유학 중에 강제징병된 26세의
장준하는 1944년 7월 7일 상하이를 낀 장쑤성의 일본군 부대를
탈출했다. 그런 뒤 6,000리를 걸어서 이동한 끝에 이듬해 1월 중

국 남서부 충칭에서 백범 김구를 만났다.

이 대장정은 장쑤성 쉬저우의 일본군 부대에서 남서쪽으로 이동하는 것이었다. 그런데 6,000리를 쭉쭉 걸어간 것은 아니다. 같은 지역을 뱅뱅 돌며 제자리걸음을 해서 시간이 지연될 때도 있었다. 탈출한 지 얼마 안 됐을 때였다. 사흘을 걸어 겨우 15리를 벗어났을 때, 그는 절망했다. 150리는 걸은 것 같은데 실제로는 15리밖에 못 갔다니.

"우리가 탈출한 쉬저우의 그 쓰카다 부대가 불과 15리 밖에 있다는 사실은 우리를 몸서리치게 했다."

"아무리 따져보아도 150~160리는 걸었을 터인데, 불과 15리 길을 150리나 걸어서 왔다니 기가 차서 아무런 용기가 나지 않았다."*

같은 길을 뱅뱅 도는 탈출의 고통. 그것이 험난한 육로 탈출의 현실이었다. 하지만 임도현은 달랐다. 그는 뱅뱅 돌 필요가 없었다. 하늘에는 길이 따로 없었다. 남쪽을 향해 일직선으로 날아가면 그만이었다. 장준하보다 9년 앞서, 임도현은 비행기를 타고 하늘을 날아서 일본의 손아귀를 벗어났다.

------

* 　장준하, 『돌베개』(2025) 참조.

<h1 style="text-align:center">일제 판결문이 증언하는 탈출 방식</h1>

일본 당국은 충격을 받았다. 자국의 비행학교 학생이, 그것도 조선인 학생이 비행기를 훔쳐 적성 지역으로 망명했다. 이것은 단순한 탈영이 아니었다. 군사 기밀의 유출이었고, 일본 제국에 대한 정면 도전이었다. 일본은 그를 용서할 수 없었다. 중국 곳곳에서 그의 행적을 추적했다. 약 2년 반 뒤인 1934년 5월 1일, 상하이 일본영사관 경찰부가 긴급 보고서를 작성했다. 제목은 〈조선인 임도현 동향 감시〉이었다.

"해당 인물이 항저우비행학교에 입학하려는 의심이 있음. 중국 군대에 가담할 가능성 주시 요망."*

이 문서는 이 시점의 임도현이 "항저우비행학교에 입학하려는 의심"이 든다고 보고했다. 비행기를 몰고 중국으로 날아간 임도현이 그곳 군대에 가세할 가능성이 있다고 봤던 것이다. 그리고 마침내 1934년 12월, 그를 체포해 제주도로 강제 송환했다. 북제주군 조천면, 그가 태어난 고향이었다. 재판이 열렸고, 징역 10개월형이

---

* 1934년 5월 1일에 상하이 일본영사관 경찰부가 기록하고 일본 외무성의 『간도 및 조선·만주 접경지방 치안정황 보고 종합(間島及滿鮮接壤地方治安情況報告雜纂)』 제14권에 수록된 공문서 참조.

선고됐다. 판결문에는 그의 '범죄'가 명확히 기록되어 있었다.

> 다치카와비행학교 재학 중인 소화 6년(1931년)에 "비행술 수업 중
> 에" 대열을 이탈해 "상하이로 도항(渡航)"

'비행술 수업 중에' 도항했다는 표현이 핵심이다. 만약 비행기에
서 내려 배를 타고 갔다면 굳이 이렇게 쓸 이유가 없었을 것이다.
판결문은 사실을 말하고 있었다. 임도현은 비행 수업 도중, 훈련기
를 몰고 그대로 상하이로 날아갔던 것이다.

하지만 임도현의 이야기는 여기서 끝나지 않았다. 오히려 시작
이었다. 형기를 마친 임도현은 다시 중국으로 건너갔다. 이번 목
적지는 류저우의 광시항공학교였다. 그곳에서 그는 정식으로 비행
훈련을 받았다. 이번에는 훔친 비행기가 아니라, 중국의 비행기를
조종하기 위해서였다.

1937년, 광시항공학교 학생들이 모여서 단체 사진을 찍었다. 여
러 얼굴들 사이에 임도현이 있다. 조선인 비행사 지망생. 일본 비
행기를 훔쳐 탈출한 그 청년이 중국 군복을 입고 카메라를 향해
서 있었다. 이 사진은 훗날 광시인민출판사가 펴낸 『류저우 20세
기 도록』에 실렸다. 역사의 한 조각으로 남은 것이다.

머리에 남은 총알 자국, 법의학이 증명한 총탄의 흔적

•

1941년, 임도현은 자신의 이력서를 작성했다. 그 안에는 짧지만 강렬한 문장이 있었다.

"1934년, 일본군과 전투 중 왼쪽 눈썹 위에 총상을 입음."

68년 뒤인 2009년 6월 14일, 제주대학교 의과대학 법의학교실 강현욱 교수가 임도현의 유골을 검사했다. 조카 임정범 씨가 의뢰한 일이었다. 현미경 아래 놓인 두개골의 좌측 측두골 부위에서 지름 0.5~0.7센티미터의 구멍이 관찰되었다. 강 교수는 법의학적 소견서에 이렇게 썼다.

"손상 형태로 미루어, 총창에 의한 가능성을 배제할 수 없는 상태."

법의학은 좌측 머리의 빈 구멍이 총탄에 의한 것일 가능성이 있다고 판단했던 것이다. 머리에 총알 자국이 남은 남자. 임도현은 이력서에 거짓을 쓰지 않았다. 그는 정말로 일본군과 싸웠고, 총탄을 맞았으며, 살아남았다.

1941년, 임도현은 또다시 일본 경찰에 체포됐다. 두 번째 강제 송환이었다. 이번에도 제주도였다. 하지만 그는 멈추지 않았다. 고향인 조천면에서 그는 새로운 방식으로 싸웠다. 일제가 요구하는 모든 것, 공출과 부역과 징용을 모두 거부했다. 임도현의 원적지인 조천면의 역사를 정리한 『조천읍지』는 이 시기 그의 행적을 이렇게 정리했다.

항일, 공출, 부역, 징용 일제 거부 투쟁.

하늘에서 싸우다가, 이제는 땅에서 싸웠다. 비행기가 없어도, 총이 없어도, 그는 저항했다. 거부 그 자체가 무기였다.

그러나 일본 경찰의 고문 후유증이 그의 몸을 서서히 망가뜨렸다. 중국에서의 전투, 두 번의 체포와 수감, 고문. 한 인간이 견디기에는 너무 많은 것들이었다. 머리의 총상도 임도현을 괴롭혔다.

1945년 8월 15일 해방이 찾아왔지만 임도현의 고통은 끝나지 않았다. 몸은 점점 쇠약해졌다. 광복의 기쁨도, 새 나라의 탄생도, 그의 건강을 되돌리지 못했다. 1952년 한국전쟁 와중에 임도현은 43세라는 이른 나이로 세상을 떠났다.

그리고, 조카의 싸움이 시작되었다

●

2000년, 임도현이 죽은 지 거의 반세기가 지났다. 그의 조카 임정범 씨가 움직이기 시작했다. 삼촌을 독립유공자로 인정받게 하기 위해서였다. 임정범 씨는 중국으로, 일본으로 날아가 도서관과 기록보관소를 모두 뒤졌다. 판결문을 찾아냈고 일본 외무성 문서

를 발굴했으며 중국에서 출판된 사진집까지 확보했다. 그것으로
도 부족했다. 그래서 2009년에 삼촌의 유골을 파내 법의학 감정
을 의뢰했던 것이다. 그리고 총상의 흔적은 법의학자에 의해 과학
적으로 증명되었다.

임정범 씨가 정리한 '임도현 항일비행사의 독립운동 자료들'이
라는 파일의 분량은 A4 용지 68장, 책 한 권을 쓰고도 남을 자료
다. 그는 이 모든 것을 국가보훈부에 제출하고 답을 기다렸다. 하
지만 아무 답변도 없었다. 국가는 침묵했다.

일본 법원은 1936년에 임도현이 비행기를 타고 탈출했다고 명
확히 판결했다. 일본 외무성은 1934년에 그가 중국 항공학교에
입학하려 한다고 기록했다. 중국에서 출판된 사진집에는 그의 얼
굴이 남아 있다. 그의 두개골에는 뚜렷한 총상 흔적이 있다. 이 모
든 증거에도 불구하고, 대한민국은 임도현을 독립유공자로 인정하
지 않는다. 유족이 할 수 있는 모든 것을 다 했는데도, 입증 책임
의 나머지를 국가가 떠맡지 않는다.

독립운동가 후손에게 '조상의 독립운동을 입증하라'고 요구하
는 것은 무리인 측면이 있다. 그런데도 임정범 씨는 직접 외국의
공공기관을 돌며 자료를 수집했을 뿐 아니라, 쉽게 시도하기 힘든
유골 검사까지 단행했다. 유족이 이 정도까지 했으면 독립유공자
인지 아닌지 하는 입증 책임의 나머지 부분은 국가가 부담하는
게 순리일 것이다.

전투모를 벗어던진 이유,
또 하나의 졸업 앨범을 만든 이유

– 춘천사범학교 학생들의 치열한 항일투쟁

일제 강점기 사범학교 학생들은 묘한 위치에 있었다. 겉으로는 우대받는 것처럼 보였지만, 실제로는 극심한 압박 속에서 살아야 했다. 일본의 계산은 명확했다. 이들이 미래에 교사가 되어 한국인들의 의식을 일본식으로 개조할 것이기 때문에, 먼저 이들을 확실한 일본 편으로 만들어야 했다. 그래서 일본은 사범학교에 상당한 공을 들였다.

일제가 길러낸 가장 모범적인 사범학생은 박정희였다. 1937년 대구사범학교를 졸업하고 교사로 일하던 그는 나이 제한 때문에 입학할 수 없었던 만주국 육군군관학교에 들어가기 위해 극단적인 방법을 선택했다. 그는 면도칼로 새끼손가락을 그어 "한 목숨 바쳐 나라를 받들겠습니다. 박정희(一死以テ御奉公 朴正熙)"라는 혈서

를 썼다. 비장하게 완성한 혈서로 일본인들을 감동시킨 이 교사는 만주 군관학교와 일본 육사를 거쳐 일제 장교가 되었다. 5·16 쿠데타 이후에는 굴욕적인 한일협정을 체결해 일본이 사과와 배상 없이 한국에 재진입하도록 만들었다. 일제가 길러낸 최고의 사범학생이었던 것이다.

일본은 박정희 같은 인재를 대량으로 양산하기 위해 사범학교 학생들에 대한 정신 훈육을 무엇보다 중시했다. 경성사범학교의 사례를 보면 그 실상이 드러난다. '황도의 체현'을 표방한 이 학교에서는 신입생들이 "천황의 은혜에 만분의 일이라도 보답하여 받들겠다."고 맹세하는 의식을 거행했고, 재학생들은 매주 조회 때

마다 일왕에게 충성을 다짐하는 의식을 거행해야 했다.*

품위와 권위를 갖춘 교사를 양성하려 했다면 이런 의식은 필요 없었을 것이다. 사범학교는 단순한 교육기관이 아니라 유사종교적 방식으로 일왕의 신하를 양성하는 곳이었고, 식민 선전요원 양성소였던 것이다.

전투모를 벗어던진 학생들

•

그런 일제의 사범학교 정책에 격렬히 저항한 사람들 가운데 춘천사범학교 학생들이 있었다. 박정희의 혈서가 「만주신문」에 보도된 다음 날인 1939년 4월 1일에 문을 연 이 학교의 서은수·강용석·이성득·박형원·김영진·박동원 등이 그 대열에 섰다. 이들은 단순히 일제에 저항하는 것을 넘어서, 일제의 의도를 짓밟고 조롱했다고 해도 될 정도로 일제의 일을 집요하게 방해했다.

이들의 투쟁은 일제 당국이 씌워주는 전투모를 벗어던지는 것으로부터 본격화됐다. 일제는 사범학교 학생들에게 식민교육의 역군을 양성한다는 의미에서 전시용 복장을 강요했다. 1940년 신학

---

* 『교육사학연구』 2017년 제27집 제1호에 게재된 안홍선 동국대 연구교수의 논문 '일제 강점기 사범학교제도의 식민지적 성격'은 "교과 지식과 교수 방법론을 체득한 유능한 교원을 양성하고자 하는 것과 더불어, 국가주의 교육관과 천황주의 이데올로기를 주입하기 위해 고도로 의식화되고 조밀하게 배치된 각종 학교 의례와 규율이 훈육 수단으로 동원되었다."고 설명한다.

기 초, 2학년 서은수 등이 주도하여 수업 거부 투쟁에 나섰다. 전투모를 쓴 채로는 수업을 받지 않겠다고 항거했던 것이다. 이 사건으로 서은수를 포함해 3명이 퇴학을 당했다.[*]

서은수 등은 독립유공자로 지정돼 있지 않다. 하지만 『독립운동사 제9권: 학생독립운동사』에 이름이 등장한다.

일본 당국이 화를 꾹 참아야 했던 사정

●

서은수 등은 학교에서 쫓겨났지만, 이들이 보여준 항일의 결기를 꺾어버릴 수는 없었다. 1941년 가을, 소방 및 치안 활동을 표방하지만 실은 친일단체였던 경방단과 학생들 사이에 충돌이 일어났다. 경방단 단장과 학생 간에 마찰이 생기자 당시 3학년생들이 집단으로 경방단을 습격했다. 경찰이 기숙사를 포위하고 조양동 앞에서는 학생들과 경찰 사이에 공방전이 벌어졌다.

투쟁을 주도한 사람은 1기생 강용석 등이었다. 이 사건으로 강용석을 비롯한 5명이 퇴학당했다. 경방단 및 경찰과 공방전을 벌였다는 사실은 이전보다 훨씬 많은 학생들이 참여했음을 의미한다. 그런데도 몇 명만 징계하는 선에서 일이 끝났다.

이는 일제의 고민을 보여준다. 한국인을 세뇌 교육할 교사 인력이 절대적으로 부족했던 것이다. 급증하는 교원 수요에 대처하지

---

[*] 조동걸, 『강원 역사의 다양성』(2016) 참조.

못한 일제는 부족한 교원을 단기 양성 과정이나 일본으로부터의 유입에 의존해야 했다. 교원 양성이 시급했던 일제 당국은 화를 꾹 참고 사태를 봉합할 수밖에 없었다.

또 하나의 졸업 앨범, 그리고 백의동맹

•

1기생들은 졸업이 다가온 시점에도 기습적인 항일투쟁을 벌였다. 이번에는 앨범 편집위원이던 이성득, 안학수, 신철균 등이 나섰다. 이들은 공식 앨범과 비공식 앨범 두 가지를 만들었다. 비공식 앨범에는 국사봉과 무궁화를 그려 넣었다. 일왕 숭배인 신사참배가 강요되던 시절에, 이와 배치되는 민족 신앙을 반영하는 국사봉을 사진첩에 그려 넣은 것이다. 이 그림이 담긴 비공식 앨범을 진짜 졸업 앨범으로 간직하려는 행동이었다.

하지만 이번에는 탄압이 달랐다. 전투모 착용 거부나 경방단 습격 사건 때와 달리 퇴학 이상의 징벌이 내려졌다. 주동자 이성득은 무참한 고문과 학대를 받은 뒤 졸업 후에는 황해도로 쫓겨났다.

춘천사범학교 학생들의 투쟁은 점점 조직적인 양상을 띠기 시작했다. 1944년부터는 김화, 철원, 춘천 일대를 무대로 하는 백의동맹에 가입하는 학생들이 나타났다. 3학년 박형원이 이 학교 백의동맹의 초기 멤버였다.

백의동맹은 독서 모임을 통해 항일정신을 확산시켰다. 이들은 항일서적이라면 민족주의든 공산주의든 가리지 않고 읽었다. 일제를 무너뜨리는 데 유용한 사상이면 무엇이든 받아들였던 것이다. 백의동맹은 한 걸음 더 나아가 유격대 투쟁도 준비했다. 이 활동에 참여한 김영진은 훗날 역사학자 조동걸 교수에게 보낸 서신에서 "우리 동지들은 더욱 많은 지식과 시국적인 상식을 체득하고 패망하여 쫓기는 왜노를 유격하여 전승국 장병들과 무력으로 협력하는 것"을 목적으로 했다고 썼다.

학생들은 김화와 철원 산악지대에서 유격전을 펼치기 위해 광산 지역에서 준비 작업을 진행했다. 하지만 계획이 누설되고 말았다. 1945년 3월 25일 춘천사범학교 박동원, 정린호, 염희태, 김영진을 마지막으로 20여 명이 모두 체포되었다. 3월 말경 전원이 검은 마포로 얼굴이 덮인 채 철원으로 끌려갔다. 조동걸은 "복면으로 가리우고 두 손이 묶인 채 끌려가는 식민지 학생의 발걸음이 진정한 이 민족의 양심의 길이었고 정의의 발길이었다."고 평가한다.

감방의 변기를 부수어 무기를 만들다

•

하지만 이 대대적인 체포에도 개교 이래 끊임없이 이어진 학생들의 투쟁은 꺾이지 않았다. 4월부터 장티푸스가 확산되는 가운데 고문과 질병으로 허덕이던 백의동맹 수감자들은 철원경찰서 감방 안에서도 투쟁을 멈추지 않았다.

학생들은 제대로 된 무기를 준비할 수 없어 화장실 변기를 뜯어내 무기로 개조했다. 이때 앞장선 학생은 박동원이었다. 수감된 학생들은 박동원의 지휘 아래 6월 중순경에 감방 내의 변기를 부수어 곤봉을 만들었다. 그리고 밤중에 신입 죄수를 호출하기 위하여 간수가 방문을 여는 순간에 간수를 때려 눕히고 모두 탈출했다. 그러나 다시 붙들렸고 더욱 혹심한 고문을 받았다. 그런 상태로 두 달을 버텼더니 바라고 바라던 8·15 해방이 찾아왔다. 이로써 이들의 투쟁은 승리로 귀결됐다. 수많은 학생들이 개교 이래 쉼 없이 항일투쟁을 벌이다가 유격대원들도 배출하고 옥중투쟁 중에 해방도 맞이했다.

이런 일이 일어난 곳이 일반 학교가 아닌 사범학교였다는 점이 중요하다. 춘천사범학교에서 일제의 사범학교 정책은 보기 좋게 짓눌리고 조롱당했던 것이다.

22

해방 전에는 일제에 맞서고,
해방 후에는 친일 세력과 맞서다

– 죽음을 불사하고 지독하게 항거한 최덕지 전도사

1946년 7월 9일. 창원군 진해읍교회에서는 조선예수교장로회 경남노회 임시회가 열리고 있었다. 친일 부역을 참회하지 않는 세력에 대한 비판의 목소리가 나왔다. 그때, 한 목사가 회의장에 들이닥쳤다. 물이 든 똥오줌통을 들고 있는 그는 박성애 목사였다. 그는 오물통을 거침없이 노회원들에게 뿌리면서 고래고래 소리를 질렀다.

"야, 이 새끼들아, 다 같은 놈들이 뭐 잘났다고 야단들이냐 말이야! 내나 너희 놈들이나 다를 게 뭐냐?"*

---

* 최덕성, 『한국교회 친일파 전통』(2006) 참조.

　이것이 해방 직후 한국 기독교의 민낯이었다. 친일청산을 논의하는 자리에 똥오줌을 뿌리며 패악질을 마음대로 부리던 자가 목사였고, 그런 자가 버젓이 교회를 장악하고 있었다. 그러나 일제와 친일 세력 모두와 맞서 싸운 기독교인도 있었다. 최덕지(1901~1956) 전도사가 그 주인공이다. 그는 해방 전에는 일제에 맞선 전도사, 해방 뒤에는 친일 세력에 맞선 전도사였다.

외동딸을 데리고 평양으로, 30대에 신학 공부를 시작하다

●

　을사늑약 4년 전인 1901년에 경남 진남군(현재 통영군)에서 태어

난 최덕지는 마산 의신여학교를 졸업하고 유치원 보모로 일했다. 그때까지는 평범한 삶이었다. 1932년, 만주사변 이듬해에 그는 결단을 내렸다. 외동딸을 데리고 평양으로 향했다. 평양여자신학교(평양여자성경학원)에서 신학 공부를 시작하기 위해서였다. 31살의 나이였다.

전도사가 된 그는 기독교인들만이 아니라 일반 통영 주민들과 함께 항일운동에 뛰어들었다. 상해독립단 통영원조회에 가담해 군자금을 모아 임시정부에 보냈다. 통영여자청년회, 근우회 통영지회, 통영부인회 등 통영에서 조직된 거의 모든 여성단체에도 그가 있었다.

일왕 숭배 시간에 기도하고 찬송가 부르고

•

최덕지의 항일투쟁에서 가장 빛나는 것은 신사참배 거부 운동이다. 그는 일왕을 신으로 떠받드는 신사참배를 죄악으로 규정했다. 그는 신도들을 모아놓고 "신사참배는 죄"라며 우상숭배에 굴복하지 말 것을 촉구했다.* 히로히토를 우상으로 규정한 셈이다.

그는 동료 교인들에게 죽음을 불사하자고 독려했다. 그가 동료 교인들과 함께 기도할 때 나오는 문구 중 하나는 "죽음을 각오하고 활동하도록"이었다.

죽음을 각오하자는 외침은 빈말이 아니었다. 그는 체포와 구속을 불사하는 투쟁을 벌였다. 1940년에는 18일간 마산경찰서에 갇혔고, 약 1개월간 진주교도소에도 갇혔다. 이듬해에는 경남경찰국 감옥에 수감됐다. 1942년에는 통영에서 검거됐다. 그런 뒤 평양으로 이감됐다가 해방을 맞았다.

일제의 눈에 최덕지의 항일투쟁은 '극렬 투쟁'이었다. 그는 체포되어 투옥된 뒤에도 일제 당국자들을 진절머리나게 만들었다. 일제 간수들은 '동쪽을 향해 궁성요배를 하라', '정오 묵도를 하라'고 강요했다. 간수들이 그렇게 요구하는 시간대에도 그는 소리 높여 기도하고 찬송을 불렀다. 이는 그의 신에 대한 예배인 동시에,

---

* 『한국개혁신학』 2015년 제46호에 실린 김정일 숭실대 초빙교수의 논문 '해방 후 재건교회의 탄생 배경 연구: 출옥성도 김린희·최덕지 행적을 중심으로' 참조.

일왕 숭배를 거부하는 항일투쟁이었다.

최덕지는 유치장과 형무소 감방에서 폭행과 고문을 당하면서도 하루에 네 번씩 예배를 드렸다. 새벽 시간, 오전 11시, 오후 3시, 그리고 밤 시간. 매일 정성으로 찬송을 부르고 기도를 하며 옥중투쟁을 했다.* 동료 수감자 김두석은 "최덕지 선생은 금식이 주식"이었다며 이렇게 회고한다.

"오른편 무릎을 세우고 왼쪽 무릎은 꿇은 채 두 손을 모아 합장한 후 뼈만 남아 앙상한 몰골로 3일이고 4일이고 일주일이고 10일이

---

* 『한국여성신학』 2023년 제98호에 실린 이병학 전 한신대 교수의 논문 '출옥여성도 최덕지의 재건교회 설립과 여성주의 성서 해석' 참조.

고 금식기도로써 아침 궁성요배와 정오 묵도 시간을 끝내 이기고 많은 동지들의 신앙을 이끌어나갔다."

죽음을 불사한 투쟁으로 폭행과 고문을 받는 그의 모습은 안타까움이 아닌 부러움을 유발할 정도였다. 동료 수감자 안이숙은 "나도 저분같이 강했으면." 하고 몇 번이나 생각해봤다며 그때를 떠올렸다고 한다. 고통을 당하는 모습마저 멋있게 비칠 정도로 불굴의 투쟁을 벌였던 것이다.

일제는 그의 항일운동을 "독선적 사상 선전, 동지 획득에 광분"이라는 말로 표현했다. 신사참배 반대론을 열심히 전파하고 동조자들을 모으는 모습을 독선적이고 미친 행동으로 폄하했다. 일본인들의 눈에 광분한 사람처럼 비칠 정도로 지독하게 항일을 했던 것이다.

해방 뒤에는 친일 성직자들을 상대로

•

1945년 8월 15일 평양 감옥에서 해방을 맞은 최덕지는 경남 지역으로 돌아와 제2의 투쟁을 시작했다. 이번 상대는 교계의 친일 세력이었다. 일왕을 신으로 떠받든 친일 목사들에게 그는 요구했다.

회개하라. 자숙하라. 휴직 기간을 가져라.

말로 끝내는 참회가 되지 않아야 한다고 강조했다. 김린희 전도사 등과 함께 가장 강경하게 친일청산을 요구한 그는 해방공간의 기독교에서 재건파로 분류됐다.

일제가 그를 이상한 사람으로 취급한 것처럼 해방 직후의 친일 세력도 그를 그런 식으로 폄하했다. 그의 신사참배 거부 운동을 신경과민증으로 깎아내렸다. 친일파들이 장악했을 당시의 경남노회는 '정신이상자니 조심하라'는 공문을 발송했다고 한다. 일제 때 보여준 그의 투쟁이 강렬한 인상을 남겼고 그것은 친일 세력을 두렵게 만들었다. 그러던 1946년 7월 9일, 친일청산을 논의하자고 모인 회의실에 친일 목사 박성애가 똥오줌통을 들고 나타나 패악을 부린 것이었다.

최덕지는 일제와 친일 세력을 상대로 극렬한 싸움을 벌였다. 그의 투쟁은 일제와의 대결에서는 승리로 귀결됐지만, 친일 세력과의 대결에서는 그렇지 못했다. 1956년에 최덕지는 55세의 나이로 세상을 떠났다.

국가보훈부는 그를 독립유공자로 지정하지 않았다. 한국 현대사에서는 역사 발전의 주요 순간마다 기독교 극우세력이 분탕질치는 일이 되풀이되고 있다. 이는 최덕지의 투쟁이 완성 단계에 도달하지 못했음을 보여준다. 그의 한은 아직 풀리지 않았다.

23

친일파의 딸,
대한독립의 기관총을 쏘다

– 만주 항일유격대에서 기관총수로 활약한 허성숙

전투 현장에서 적으로 만난 아버지와 딸

1934년 7월. 길림성 연길현 인근에서 동북인민혁명군 부대가 자위단과 마주쳤다. 자위단은 일제 괴뢰국인 만주국의 민병대였다. 양측이 대치하는 가운데, 혁명군 측에서 젊은 여성 하나가 앞으로 나섰다. 지휘부로부터 상대편을 설득하라는 임무를 받은 19살의 허성숙이었다. 그는 상대편을 향해 외쳤다.

"총구를 왜구 쪽으로 겨누십시오! 일본 침략자들이 우리 동포들을 도살하고 우리 마을을 불질러 태웠는데, 여러분은 보이지 않습니까? 여러분과 우리가 연합해 함께 항일합시다!"

그가 설득하려던 상대는 자위단장 허기형, 자신의 아버지였다.

그러나 친일파 아버지는 냉정했다. 딸의 처절한 외침을 외면하고 사격을 명령했다. 항일군도 대응에 나섰다. 결과는 자위단의 패배였다. 아버지와 딸은 헤어진 지 4년여 만에 전장에서 이렇게 적으로 만났다.

10대 소녀, 기관총수가 되다

•

허성숙은 1915년 길림성 연길현에서 태어났다. 그의 아버지 허기형은 일본 제국주의와 결탁해 자위단의 단장이 됐다. 항일세력에 정면으로 맞서는 악역을 떠맡았던 것이다. 허성숙은 아버지에게 자위단 일을 그만두라고 간청했지만 아버지는 외면했다. 결국 허성숙은 아버지와 의절하고 항일유격대에 자원했다. 15살의 나이에 아버지와 "원수"가 된 것이다. 그러므로 허성숙에게 항일 투쟁은 항부(抗父) 투쟁이기도 했다. 일제에 맞서는 것은 동시에 아버지에게 맞서는 것이었다.*

항일유격대에 들어간 허성숙은 동북인민혁명군(훗날의 동북항일연군)이 수행한 대포차자전투, 무송현성전투, 동청구전투, 임강현전투 등에서 전공을 세웠다. 1937년 6월 30일에는 새벽안개를 이용해 산을 포위한 일본군 2,000여 명을 내려다보며 기관총을 발사해

---

* 중국 기업이 운영하는 〈중국민족문화자원고(資源庫)〉 사이트에 실린 '조선족 항일 여(女)영웅 2 - 허성숙' 편 참조.

→ 허성숙.

타격을 입혔다. 그의 투쟁에서는 사격술뿐 아니라 희생정신도 빛났다. 어느 날, 유격대원들과 함께 식량을 구해 돌아오다가 토벌대를 만났다. 그러자 허성숙은 전우들에게 나무 사이에 숨어 있으라고 하고 자신은 배낭을 짊어진 채 전봇대 위로 올라가 수류탄을 던져 적의 접근을 막고 전우들을 보호했다.

2024년 12월, 서울 한복판에서 벌어진 '내란의 밤'을 온몸으로 막아낸 이들 중에는 수많은 1020 여성들이 있었다. 100여 년 전 만주에서 전개된 항일 무장투쟁에도 10대와 20대 여성들이 다수 참여했다. 허성숙이 활동한 만주 지역 여성들의 항일 투쟁을 소개한 논문에 따르면, 만주 지역 1020 여성들을 항일투쟁으로 이끈 주요 동기는 복수심·반봉건의식·계급의식·혁명의식 등이었다. 일본 제국주의로 인해 가족을 잃었거나, 남존여비의 봉건 질서에 반감을 품었거나, 일제 침략을 배후에서 추동하는 일본 자본가 계급과 투쟁하고 싶었거나, 단순히 일본을 몰아내고 싶어서가 아니라 한민족의 삶을 혁명적으로 바꾸고 싶었던 여성들이 만주 지역 항일투쟁에 나섰던 것이다.

예를 들어 김영신이라는 여성은 "봉건적 남존여비 사상이 여자들을 까막눈으로 만들었으며, 눈을 떠야만 자신들을 힘들게 하는 사회를 뒤엎을 수 있다."라고 인식했다. 김정길이라는 여성은 "일제와 지주, 자본가를 때려 엎고 우리 여성들까지 다 해방받는 날이라야 우리 인민이 진정으로 해방받는 날"이라고 생각했다. 이들은 인간에 대한 사상 최악의 억압인 제국주의 식민지배를 철폐해야 여성들이 자유롭게 될 수 있다는 희망을 품었다. 그런 마음을 품고 그들은 독립운동의 광장으로 뛰어나갔다.*

식민지 조선의 여성들이 항일에 나선 것은 민족해방과 함께 여성해방을 위해서였다. 그런데 항일 현장에서는 여성해방이 후순위로 밀리는 일이 많았다. 만주 조선인 여성 항일투사들을 연구한 논문에 따르면 "실전에 참여한 여전사들도 전투가 끝난 뒤 남

---

* 옌볜인민출판사가 발행한 『항일녀투사들』과 『항일련군의 조선족녀전사들』 등에 이들의 이야기가 소개돼 있다. 이런 자료에 기초한 방미화 옌볜대(연변대) 교수와 현청하 옌볜대 박사과정의 논문 '여성주의 시각으로 본 만주 조선인 여전사의 항일운동'(『한국민족문화』 2018년 제69호) 참조.

성 전사들이 휴식을 취하는 시간에 쉬지 않고 작식(作食) 대원을 도와 식량을 장만하고 끼니를 해결하는 일, 옷을 깁거나 빨래를 하는 일들을 자각적으로 찾아 했다."* 자발적으로 했다지만, 남자 대원들이 당연시하며 얼른 나서지 않는 분위기도 영향을 미쳤으리라 볼 수 있다.

기관총을 들고 최일선에서 전투를 수행하는 여전사였던 허성숙 역시 봉건적 질곡에서는 자유롭지 못했다. 전투가 끝나 기관총을 내려놓으면 부상자를 치료하고 밥을 짓고 빨래를 했다. 허성숙이 겪은 이런 질곡과 모순이 해결됐다면, 훨씬 더 많은 여성들이 이 시대의 무장 투쟁에 참여했을 것이다.

허성숙이 순국한 때는 1939년 8월이었다. 허성숙이 참가한 할힌골전투** 지원 작전은 24살 여전사의 마지막 전투가 됐다. 몽골-만주 접경에서 벌어진 이 전투에서 패배한 일본군은 사상자 1만 6,343명과 실종자 1,021명이라는 막대한 인명 피해를 입었다. 이 전투는 제2차 세계대전 당시 일제가 북쪽이 아닌 남쪽으로만 진군하다가 1945년에 패망을 맞이한 이유를 설명하는 단서가 된다. 역사학자들은 할힌골전투에 관한 선구적 연구를 남긴 미국 역사학자 앨빈 쿡스의 학술 성과를 근거로 "쿡스에 의하면 이 전투는 세계사

---

* 앞의 논문 참조.

** 노몬한 전투라고도 한다. 1939년 5월 11일부터 9월 16일까지 몽골인민공화국 영토에서 발생한 '소련군+몽골군'과 '일본군+만주군' 사이의 무력 충돌 사건이다.

의 전환점"이었다며 이 전투의 파급력을 이렇게 기술한다.

"노몬한의 패전으로 인한 대(對)러시아 공포로 일본은 1941년 파시스트 동맹인 독일군의 러시아 공격에 동참하지 않았다. 만약 일본이 독일의 요구에 응해 러시아를 동쪽에서 침공했더라면 소련은 두 전선을 지탱할 수 없어 붕괴, 전후 냉전시대에 거대한 사회주의 진영을 구축할 수 없었을 것이라 한다. 결국 일본은 소련과의 대결인 북방노선을 폐기하고, 자신의 패망을 초래할 운명적인 남진을 감행하였다."*

20대 여전사의 마지막 전투, 할힌골

•

허성숙은 할힌골전투를 위한 적 후방 교란 작전에 투입됐다. 이때 그는 나이 많은 전우를 돕고자 자기 순번이 아닌데도 초소에 나갔다가 희생을 당했다. 초소에서 적들을 발견한 그는 상부에 보고하라며 전우를 먼저 보낸 뒤 홀로 적군을 상대하다가 붙들려 순국했다.

허성숙은 국가보훈부가 지정한 독립유공자는 아니다. 그렇지만 만주에서 무장투쟁을 전개했고, 일본군의 북진을 막은 할힌골전

---

* 『만주연구』 2009년 제9집에 실린 한석정 동아대 교수의 '러일·만몽·몽몽의 대결 - 노몬한(할힌골) 전투 70주년 기념 학회 참관기' 참조.

→ 일본군이 할힌골강을 건너는 모습.

투에 참여했다. 이 전투로 인해 북진이 막힌 일본군은 미국과 남태평양 쪽에만 집중했다. 이는 일본이 소련을 견제할 기회를 잃고 미국을 계속 자극하다가 패망에 이르는 원인이 됐다. 그러므로 항일투쟁 중에 쓰러진 허성숙의 희생이 오늘날 거의 기억되지 않는 수많은 1020 여성 항일투사들의 희생 중 하나임은 분명한 사실이다.

24

"고향 생각나죠?
오늘밤도 잘 자요"

— 일본군이 진저리를 치게 만든 선전전의 귀재 김학철

1940년 어느 날 새벽, 중국 후베이성 라오허커우(老河口). 조선 의용대 제2지대부와 김학철 분대장은 어둠이 내리기를 기다렸다. 밤이 되자 그들은 움직이기 시작했다. 적진의 턱밑까지 접근하여 일본어로 빼곡히 반전 구호가 적혀 있는 플래카드를 내걸었다.

"고향으로 돌아가라"

"이 전쟁은 무익하다"

"횡포한 상관에게 총부리를 돌려대라"

일본군 진지 앞에 세워진 플래카드들이 아침 햇살을 받으며 펄럭였다. 날이 밝자 일본군 병사들이 그것을 발견했다. 탕! 탕탕!

병사들이 분풀이라도 하듯 플래카드를 향해 사격을 가했다. 한국 독립군도, 중국군도 아닌, 헝겊 조각을 향해. 그들은 왜 총알 세례를 퍼부었을까?

그날 밤이 되자 김학철 분대는 다시 그 자리에 나타났다. 총알 구멍이 숭숭 난 플래카드를 회수했다. 그는 그것을 중국군 병사들에게 보여주었다.

"보십시오. 일본군이 얼마나 당황했는지."

그것은 실적 보고서였다. 적의 마음을 교란시켰다는 증거였다.

이 기발한 심리전을 기획한 이가 조선의용군 최후의 분대장, 옌벤 조선족 작가로 알려진 김학철이었다. 그러나 그의 진짜 정체성은 따로 있었다. 그는 일본군이 진저리를 치게 만든 항일 선전전의 귀재, 특히 밤이 되면 더욱 빛을 발하는 선전전의 천재였다. 그렇게 말할 만한 근거가 있다. 일본 검찰이 김학철에게 사형을 구형한 근거가 바로 그의 선전전이었기 때문이다.[*]

"검사는 피고인의 소위는 치안유지법 외에 형법 제81조 후단에 해당하는 것으로 사형을 구형하였다."

검사의 사형 구형은 일본군에게 그가 얼마나 위협적인 존재였

는지를 보여준다. 김학철의 죄목은 치안유지법 제1조 및 형법 제86조 위반이다. 친일파들에 의해 국가보안법으로 계승된 치안유지법 제1조는 국가체제 변혁을 목적으로 결사를 조직하거나 그 일원이 되거나 그런 목적의 수행을 도운 사람을 사형·무기징역이나 3년 이상 징역형에 처한다고 규정했다.

총알 대신 언어를 쏘아댄 남자

•

일반적으로 김학철로 알려졌지만 본래 성은 홍씨이며 본명은 홍성걸이다. 그는 3·1운동 3년 전년에 원산에서 태어나 보성고등보통학교에 다니다 건강 문제로 중퇴한 뒤 광산업 일을 하다가 요양에 들어갔다. 그런 다음, 20세 때 중국으로 건너가 황푸군관학교를 마치고 김원봉의 조선의용대에 가담했다.

그의 무기는 총이 아니었다. 언어였다. 그는 무기를 들고 적군에 맞서기보다는 기호 체계를 날려 적의 인식 체계를 교란했다. 일본 제국주의에 세뇌당한 병사들의 머릿속에 전혀 다른 정보를 입력했다. 그래서 일본군의 전투 수행에 막대한 지장을 줬다.

재판부는 그의 핵심 죄목을 대일 선전전에서 찾았다. 아래의 괄호 부분은 이해의 편의를 위해 첨부한 것이다.

"피고인은 이상(의) 목적 수행을 위해서 각 방면에서 장개석 정권의 군대와 협력하여 중국 민중에 대해서는 연극·연설·벽신문 및 전단 등에 의해서 '외국인인 우리들까지도 항일전쟁에 참가하고 있으므로 중국 민중은 자진해서 대일항전에 참가해야 한다'라는 뜻의 선전을 하고 항일의식 앙양 고취에 활약하였으며, 일본군에 대해서는 전단(을 뿌리거나) 또는 호소하고 절규하는 방법으로 '고향 집에는 일할 손이 부족해서 곤란하고 어버이와 처자가 기다리고 있는 이 전쟁은 무익하므로 속히 전쟁을 그만두고 고향으로 돌아가라'는 뜻의 반전·염전 사항을 선전·고취하여 이상과 같은 방법에 의하여 적국인 중국군에 군사상 이익을 끼쳐주었다."

"고향 생각 나죠? 잘 자요", 일본군과의 '야간 대화'

•

김학철의 진짜 걸작은 '대일 확성기 방송'이었다. 그는 이것을 '야간 대화'라고 불렀다. 야밤에 적진 150미터 앞까지 조용히 접근한다. 우선 수류탄 한 발을 터뜨린다. 개막 신호다.

콰앙!

고요한 밤을 가르는 폭발음에 깜짝 놀란 일본군 병사들이 잠에서 깨어난다. 어둠 속에서 그들의 긴장은 극에 달한다. 무슨 일이 생긴 건가? 그때 들려오는 고운 목소리. 21살 일본인 여성 포로 이무라 요시코가 일본 가곡 「황성의 달」을 부른다. 프롤로그다. 살벌한 전장에 애절한 선율의 일본 노래가 흐른다. "봄날 고루의 꽃의 연회 / 도는 술잔에 그림자 비치고 / 천년송 가지 사이로 비치는 / 그 옛날의 빛은 지금 어디에……" 적군의 살벌한 마음을 녹이기 위한 수단이다.

노래가 끝나면 본론이 시작된다. 확성기를 통해 반전 메시지가 쏟아진다. 함화(喊話) 공작, 즉 정치 선동이었다.

"고향집에는 일할 손이 부족해 어려움을 겪고 있다. 부모와 처자가 기다리고 있다. 이 전쟁은 무익하다. 속히 전쟁을 그만두고 고향으로 돌아가라!"

메시지가 끝나면 에필로그로 밤하늘에 대고 총 몇 방을 쏜다. 탕! 탕! '안녕히 주무세요'라는 뜻이었다.*

프롤로그-본문-에필로그. 완벽한 라디오 단막극 구조였다. 한밤중에 가냘픈 목소리의 노래로 주의를 집중시킨 뒤, 큰소리로 고함치듯 반전 평화 메시지를 전달한 다음에 총성이 울려퍼지게 만든 것을 김학철은 '대화'라고 불렀다. 일본 병사들은 싫어도 귀에 들려오는 이것을 들을 수밖에 없었다. 라디오 단막극 형식의 선전전을 기획했던 것이다. 이것이 일본군에 미친 영향이 상당하지 않았다면 일본 검사가 사형까지 구형하지는 않았을 것이다.

올라운드 플레이어

•

김학철은 기획력만 갖춘 게 아니었다. 담대함도 있었다. 그는 적군 인근에서 자신이 각본과 연출을 맡은 연극을 무대에 올렸다.

---

* 김해양·김호웅, 『김학철 평전』(2007) 참조.

→ 일본군 점령 지역에 침투해 폐허가 된 사찰의 담장에 항일 표어를 쓰는 조선의용군 화북지대 선전대원. "중한 두 민족이 연합해 일본 강도를 타도하자!"라고 쓴 뒤 "조선의용군 선"까지 쓴 모습이다.

일본군이 지켜보는 앞에서 공연을 펼쳤다.

1941년 12월 10일 밤. 25살 김학철은 일본군 진지 코앞에서 건방지고 거리낌 없는 모습을 연출했다. 조선의용군 대원들이 일본군 보루 앞에서 자유롭게 움직였다. 노래를 불렀고, 구호를 외쳤고, 행진을 했다. 보루 속에 엎드려 있는 일본군 병사들은 분노했다. 비위에 거슬렸지만 쉽게 움직일 수 없었다. 김학철의 심리전에 말려들까 두려웠던 것이다.

일본군을 한껏 농락하며 반전 캠페인을 벌인 김학철은 신명 나는 공연을 마친 이틀 뒤 일본군에 붙들렸다. 전투에서 다리에 총을 맞아 부상을 입고 포로가 된 것이다. 이듬해 5월에는 나가사키형무소에 수감됐다. 총상을 입은 다리의 상태가 심각했지만 치료를 받지 못했다. 전향서를 쓰지 않았기 때문이다. 그래서 그때부터 그는 한쪽 다리만 쓰는 사람이 됐다.

1945년 10월 9일. 해방 두 달 뒤에 김학철이 석방되었다. 한쪽 다리를 절뚝이며 서울로 향했다. 1946년 11월, 그는 북으로 갔다. 그러나 그곳도 그가 원하는 곳이 아니었다. 1950년 10월. 한국전쟁 발발 4개월 뒤에 중국군이 압록강을 넘어 참전했다(10월 14일). 그달에 김학철도 압록강을 건넜다. 이번에는 더 위쪽으로의 '월북'이었다. 중국으로 돌아갔다. 미군정과 이승만은 물론이고 김일성과 박헌영도 마음에 들지 않았다. 그는 '박헌영 만세' 소리에도 분개했고, 인명을 경시하는 김일성의 태도에도 실망했다.*

중국으로 되돌아간 그는 확성기를 잡던 손에 펜을 들고 작가의 길을 걸었다. 그러다가 마오쩌둥(모택동)의 문화대혁명 때 핍박을 받아 1967년부터 10년간 옥살이를 했다. 1980년에 64세 나이로 복권했고, 그 뒤에는 한·중 양국을 무대로 문학 활동을 펼쳤다. 2001년 9월 25일, 향년 85세로 생의 '에필로그'를 썼다. 그의 몸은 가루가 되어 두만강에 뿌려졌고, 그 일부는 우편함에 담겨 동해에 띄워졌다. 바닷물에 뜬 우편함에는 이렇게 적혔다.

원산 앞바다행(行)
김학철(홍성걸)의 고향 가족 친우 보내드림

---

* 안재성, 『박헌영 평전』(2020) 참조.

25

능금 따던 청년들,
일제와 헤어질 결심을 하다

– 강제징용 거부하고 항거를 택한 29명의 결심대원

1944년 7월 5일 저녁, 경산시 남산면 사월동. 참외밭에 세워진 원두막에 청년들이 하나둘 모여들었다. 면사무소에서 일하던 박재천과 김인봉은 일제의 강제동원을 거부하고 경산 청년들을 탈출시키려는 논의를 해왔다. 그날 밤에는 결정을 해야 했다. 청년들이 모두 모이자 박재달이 입을 열었다.

"징용에 끌려가 죽을 바에야, 어차피 죽은 목숨 일제에 항거하다 죽자."

청년들은 차례로 동의했다. 강제 징용에 끌려가느니 차라리 죽기로 결의했던 것이다.[*]

경산의 청년들은 왜 이런 결단을 내렸을까? 그들이 살던 땅을 먼저 이해해야 한다. 대구 능금은 조선을 대표하는 명물이었다.

1940년 8월 10일, 강제 폐간되기 하루 전 「조선일보」의 마지막 지면에 따르면, "대구 능금은 전(全)조선적 명물인데, 그 팔할이 경산에서났다".**

경산은 대구와 가까웠다. 대구에서 겨우 30리. 버스로 30분 거리였다. 너무 가까워서 경산 사람들은 자신들의 고장을 '동대구'라 불렀다. 그리고 자기들이 땀 흘려 키운 경산 능금이 대구 능금이라는 이름으로 팔려나간다고 불평했다. 하지만 진짜 불평거리는 따로 있었다. 능금 수익이 흘러가는 곳. 그것은 대구도 아니고, 경산도 아니었다. 일본인들의 호주머니였다.

능금은 조선인이 키우고, 돈은 일본인이 따간다

•

1905년부터 한반도 곳곳에 일본인 농업 이민자들이 몰려들었다. 그들은 과수원을 만들었다. 토종 능금을 밀어내고 서양 능금을 심었다. 1910년 무렵, 서양 능금 재배는 거의 일본인들 손에 장악됐다.*** 경산도 마찬가지였다. 아니, 더 심했다. 능금밭에서 구

---

* 『한국독립운동사연구』 2014년 제47집에 실린 역사학자 장성욱의 '일제 말기 경산 결심대의 강제동원 거부 투쟁' 참조.

** 1940년 8월 10일자 「조선일보」 3면 '본사 특파원 좌담회' 참조.

*** 『농업사 연구』 2002년 창간호에 실린 이호철 경북대 교수의 논문 '개화기 서양 능금과 과수 재배기술의 수용' 참조.

슬땀을 흘리는 사람들은 조선인이었다. 하지만 수확한 능금을 팔아 돈을 챙기는 사람들은 일본인이었다.

식민지 경제의 착취 구조는 어디나 마찬가지였지만 경산은 특별했다. 대구와 가까워 일본인들이 많았고, 능금이 유명해서 수익이 컸다. 그만큼 착취도 노골적이었다. 그로 인해 불만도 깊었다. 경산의 청년들은 부모와 이웃이 피땀 흘려 키운 능금이 일본인들 배를 불리는 모습을 어릴 때부터 보면서 자랐다. 어려서부터 식민 지배의 불평등을 뼈저리게 느껴왔던 것이다. 그러다 1944년, 청년이 된 그들에게 징용 명령이 떨어졌다.

29명의 결심대, 헤어질 결심으로

•

참외밭 원두막에서 열린 첫 회합 이후, 열흘 뒤에 열린 3차 회합 때는 청년 29명이 참석했다. 그들은 조직 명칭을 '결심대(決心隊)'로 정했다. 일제와 헤어질 결심으로, 징용되어 끌려가 일본 기업의 노예가 되어 죽느니 차라리 고향 땅에서 일본 군경과 싸우다 죽겠다는 결심을 정직하게 드러낸 이름이었다. 최외문, 안팔십, 이일수 등이 이 싸움에 참여했다. 이것은 '대왕산 죽창 의거'로 불린다.

항일을 결의한 그들은 군대식 조직을 만들었다. 안창률이 대장, 김명돌이 부대장을 맡고 그 밑에 3개 소대를 두었다. 정보연락대와 헌병도 편성했다. 박재달, 박재천, 김인봉은 정보연락대로, 최외문은 제3소대장으로, 안팔십과 이일수는 제2소대원으로 배치됐다. 청년 29명 중 30대가 1명, 10대가 1명, 나머지 27명은 20대였다. 모두 앞날이 창창한 청년들이었다. 경산군 전체도 아니고, 남산면 한 곳에서만 29명이 그런 결의에 동참했다. 일본 제국주의에 대한 한국인들의 증오가 얼마나 널리 확산돼 있었는지를 알 수 있는 숫자다.

이들이 선택한 항일 거점은 경산시 남부에 있는 해발 615.7미터의 대왕산이었다. 예전에 성곽이 있던 곳이고, 마을에서 가깝지만 경사가 심해 방어하기 좋았다. 돌과 바위가 많아 투석전에도 유리했다.

29명의 청년들은 대왕산에 막사를 지었다. 그리고 무기를 준비했다. 총은 없었다. 대신 죽창을 만들었다. 그것으로 일본 군경과 싸울 작정이었다. 당시 일본 군대와 경찰은 세계 최고 수준이었다. 그런데 죽창과 돌로 총과 칼을 이기겠다?

하지만 그들은 무모하지 않았다. 이기려고 한 게 아니었다. 징용을 거부하려는 것이었다. 끌려가지 않으려는 것이었다. 그 목표를 위해서라면 죽음도 마다하지 않았다. 그것이 결심대였다. 싸워서 이기겠다가 아니라 싸우다 죽겠다는 생각으로 일본 군경에게 달려들었다. 죽창과 돌을 들고 집 근처에서 일본 군경을 기다린 것은 그런 각오가 있었기 때문이라고 볼 수밖에 없다. 징용·징병 되느니 그냥 죽겠다는 생각을 했던 것이다.

세 번의 전투, 3전 3승이었다

•

며칠 뒤, 첫 번째 전투가 벌어졌다. 7월 27일에 일본 경찰이 대왕산으로 올라왔다. 소방 조직까지 동원했다. 수십 명이었다.

"내려와라! 하산하지 않으면 총을 쏜다!"

청년들은 꿈쩍도 하지 않았다. 일본 경찰이 총을 겨눴다. 그 순간, 대왕산의 급경사를 따라 거대한 돌들이 굴러떨어졌다. 일본 경찰들이 비명을 질렀다. 대오가 무너졌다. 일본 경찰과 소방대는 산 아래로 밀려 내려갔다. 첫 번째 전투는 결심대 청년들의 승리였다.

일본 경찰은 물러나지 않았다. 8월 5일까지 총 세 차례 공격이 있었다. 하지만 결과는 같았다. 죽창과 돌을 든 청년들이 총을 든 일본 경찰을 이긴 것이었다. 급경사인 지형도 큰 도움이 되었지만 무엇보다 청년들의 결의가 남달랐다. 일본 경찰은 임무를 수행하러 온 것이었다. 하지만 청년들은 목숨을 걸었다. 살려고 싸우는 자와 죽어도 좋다는 각오로 싸우는 자의 승부는 정해져 있었다. 3전 3승. 전투에서 결심대는 단 한 번도 지지 않았다.

하지만 전투는 이길 수 있어도 굶주림은 이길 수 없었다. 준비해간 식량이 떨어졌다. 대왕산 막사에는 더 이상 먹을 것이 없었다. 청년들은 선택해야 했다. 굶어 죽거나, 산을 내려가 식량을 구하거나. 그들은 식량을 구하기 위해 산에서 내려갔다. 그리고 8월 10일부터 13일 사이에 29명 전원이 체포됐다. 대장 안창률은 고문을 받다가 순국했다. 제1소대원 김경화는 옥사했다. 나머지는 감옥에 갇혔다가 해방 이후에야 순차적으로 풀려났다.

강제징용을 거부하고 항쟁한 29명의 청년은 모두 붙잡혔다. 하지만 이것을 일본의 승리라고 할 수 있을까? 결심대는 전투에서 한 번도 지지 않았다. 돌과 죽창이 총과 칼을 이겼다. 세 번이나. 그들이 붙잡힌 것은 전투에서 져서가 아니었다. 굶주림과 피로 때문이었다. 일본 경찰이 이긴 게 아니라, 배고픔이 이긴 것이었다. 무엇보다, 그들은 목표를 달성했다. 징용을 거부했다. 미쓰비시로, 일본제철로, 히타치조선으로, 후지코시로 끌려가지 않았다. 일본 전범 기업의 노예가 되지 않았다. 29명의 경산 청년들을 징용하지 못한 것. 이것은 일본의 패배였다.

결심대원 29명은 대부분 1990년과 1991년에 건국훈장을 받고 독립유공자로 인정받았다. 하지만 최외문, 안팔십, 이일수는 아직도 독립유공자가 아니다. 같은 원두막에 모여서 똑같이 결의하고, 함께 대왕산에 올랐으며, 나란히 전투를 치렀는데 말이다. 독립유공자로 지정되지 않았다고 해서 이들의 투쟁을 저평가할 수는 없다. 박재천의 사례가 있다. 그는 면사무소 직원으로 이 운동을 주도한 핵심 인물이었지만 건국훈장을 받은 것은 2021년이었다. 다른 동료들보다 30년이나 늦었다. 최외문, 안팔십, 이일수도 언젠가는 인정받을 것이다. 좀 더 지켜봐야 한다. 아니, 좀 더 기억해야 한다.

지금 일본이 두려워하는 한·일 역사 문제는 위안부 문제와 더불어 강제 징용이다. 징용 피해자들의 승전보는 대법원에서 계속 들려오고 있다. 미쓰비시·일본제철·히타치조선·후지코시가 연달아 패소했다. 이 에너지는 강제 징용에 대한 한국인들의 거부감에서 생겨난다. 이런 거부감이 생겨난 데는 경산 청년들의 헌신도 크게 작용했다.

원두막에서 시작된 반란은, 법정에서 승리로 끝나고 있다. 29명의 청년들이 죽창을 들고 대왕산에 올랐던 그날의 결심은, 80년도 더 지난 지금도 여전히 유효하다. 이것이 경산 결심대가 남긴 진짜 유산이다.

26

해방 이후의 최강력 계엄령을 불러오다

– 대구 10월 항쟁 뒤의 혁명가 윤장혁

1946년 10월 1일 밤. 대구역 앞.

공회당호텔 부근을 수백 명의 무장 경관대가 에워싸고 있었다. 무시무시한 경계였다. 그 경계를 뚫고 수천 명의 남녀 공장 직공이 태극기를 앞세우고 나타났다. 그들은 금정 노평본부를 향해 행진을 시작했다. 그때, 역전 무장경관대 쪽에서 '탕!' 하는 총소리가 들렸다. 행렬이 멈췄다.

"죽여라! 쏘아라!"

아우성이 들렸다. 부근을 왕래하던 시민들은 사방으로 흩어졌다. 경관대의 발포는 허가 없는 시위 행렬을 중지시키려는 것이었지만 시위대의 분노를 폭발시켰다. 생사를 건 항거적 투쟁이 벌어졌다. 곧 끝날 것 같던 총파업이 한 발의 총소리와 함께 대구 10

월 항쟁으로 전환되는 순간이었다. 이 항쟁을 촉발한 9월 총파업을 이끈 사람이 윤장혁이었다.

혁명가는 교수대를 두려워하지 않는다

●

계엄의 본질은 군정 실시다. 그래서 미군정 같은 점령군 체제에서는 원래 별도의 계엄이 필요하지 않다. 군정 자체가 일상적인 계엄 상태이기 때문이다. 그런데 그런 군정하에서도 미군은 계엄을 선포했다. 계엄을 선포하지 않고는 군정을 유지할 수 없었기 때문이다. 그만큼 한국인들의 저항이 거셌던 것이다.

윤장혁은 미군정뿐 아니라 일제 통치자들까지 바짝 긴장시켰다. 그는 '혁명가는 교수대를 두려워하지 않는다', '피압박민족의 절대 승리를 기한다'는 표어를 내걸고 대구 지역 항일운동을 이끌었다. 일제만 물러갔을 뿐 해방의 과제가 여전히 남은 1946년에도 그는 교수대를 두려워하지 않는 전형적인 투사였다.

1905년 3월 16일 태어난 윤장혁은 41세 때인 1946년 미군정의 경제정책 실패를 규탄하는 '대구 9월 총파업'을 주도했다. 이것이 미군정에 대한 거국적 투쟁인 대구 10월항쟁으로 연결되었고, 당황한 미군정이 계엄령을 선포하는 비상사태로 이어졌다.

9월 23일 대구 철도노조원 1,000여 명의 참여로 시작된 파업은 대구평의회가 대구시투쟁위원회로 전환된 9월 27일부터 섬유, 인쇄, 출판, 화학, 중공업 분야로 빠르게 번져갔다.

언론도 파업에 동조하다

•

노동자들이 생존권을 위한 파업을 벌일 때마다 언론들은 "시민 불편이 예상된다." 등의 보도로 노동자들의 입장을 약화시키곤 한다. 9월 총파업 때는 그런 훼방이 상대적으로 적었다. 「영남일보」·「경북신문」·「대구시보」·「민성일보」가 파업에 동조했기 때문이다. 이 언론사들의 노동자들이 파업에 동조하고 제작 거부에 들어간 결과, 보수세력의 파업 비판 논리가 언론을 통해 대중의 정치의식을 약화시키는 현상이 비교적 억제됐다.

이에 힘입어 파업 수행이 수월해졌고, 당황한 미군정이 윤장혁 측에 협상을 요구하는 상황이 펼쳐졌다. 협상 국면으로 인해 상황이 잠잠해졌다. 대구역 광장에서 바리케이드를 친 미군정 경찰이 바리케이드를 풀고 철수하는 쪽으로 합의가 이루어졌다.

한 방의 총성이 만든 10월 항쟁

•

그러나 잠잠함은 잠시였다. 합의 당일인 10월 1일의 돌발 사태가 대구 10월 항쟁과 계엄령 선포를 초래했다.

곧 끝날 것 같던 총파업이 한 방의 발포와 함께 노동자들뿐 아니라 시민들도 대거 참여하는 대구 10월항쟁으로 전환되었다. 조병옥 군정청 경무부장(오늘날 경찰청장)은 10월 3일 기자회견에서 이렇게 브리핑을 했다.

"미군정관은 미국 군대를 파견하고 즉시 대구 시내에 계엄령을 내리고 노동자에게 점거된 경찰청을 마찰 없이 탈환하고 정상 상태로 만들었다. 그러나 이날 오후 11시 반까지는 근방 경찰서와 지소는 탈환하지 못하였다."*

미군정은 대구 주민들의 저항을 짓누르고자 계엄령을 선포하고 총구를 겨누었다. 하지만 이는 사태를 도리어 악화시키는 자충수가 되었다. 진실화해위원회의 『2010년 상반기 조사보고서』는 마른 들판에 들불처럼 저항이 번져가던 당시 상황을 이렇게 기술했다.

"10월 6일까지 경북 지역으로 번졌고 12월 중순까지 남한 전 지역으로 확산되었다."

계엄을 따로 선포할 필요가 없는 군정하에서 계엄령이 선포됐다. 계엄 상태가 이중적으로 겹쳤다는 점에서 미군정하의 계엄령은 그 이후 대한민국 정부하의 역대 계엄들보다 강력했다. 옥상옥 계엄, 더블 계엄으로 표현할 만한 이런 계엄을 미군정은 선포하지 않을 수 없었다. 민심의 지지를 받는 윤장혁 같은 독립운동가들이 당시의 정국을 이끌었기 때문이다.

---

* 1946년 10월 4일자 「조선일보」 기사 참조.

잡화상, 혁명가로 거듭나다

•

윤장혁은 1905년 3월 16일, 을사늑약 여덟 달 전에 경북 예천군에서 태어났다. 대구공립고등보통학교(훗날의 경북고) 학생이었던 그는 '핫한' 운동권 청년이었다.

1927년 2월, 22살의 윤장혁은 마르크스주의 강의를 듣고 공산주의에 공명했다. 동시에 조선독립을 희망했다. 그는 동지들과 함께 비밀 서클인 혁우동맹(적우동맹, 일우동맹)을 만들었다. 대구공립보통학교, 대구공립중학교, 대구농림학교의 항일운동권 학생들이 결성한 조직이었다. 이들이 내건 표어는 명확했다.

'혁명가는 교수대를 두려워하지 않는다'.

혁우동맹은 비밀 조직으로 끝나지 않고 현실적인 영향력도 발휘했다. 이 동맹의 영향권인 대구고등보통학교에서 1928년 11월 동맹휴교 투쟁이 벌어졌고, 이 때문에 동맹의 실체가 발각되었다. 이 '대구학생사건'은 신문에 크게 보도됐다.*

대구복심법원 판결문에 실린 피고인은 윤장혁을 포함해 24명이다. 이 외에도 참여자들이 많았다. 「조선일보」에 따르면 단원이

---

* 「동아일보」는 "한동안 세상의 이목을 놀래킨" 사건, 「조선일보」는 "최근에 일어나는 중대 사건 중의 하나"라는 표현을 썼다.

130명이었다. 전국 단위가 아닌 특정 지역에서 이처럼 많은 사람들이, 그것도 당시의 청년 엘리트들이 대거 참여해 식민통치 전복을 시도한 것이다. 이런 대형 공안사건을 주도한 일로 윤장혁은 치안유지법 위반 혐의로 징역 3년형을 받았다.

판결문은 윤장혁 등이 치안유지법에 걸린 것이 독립운동 때문이었음을 명시한다. "조선독립을 희망하여 현재의 사유재산제도를 파괴하고 공산제의 새로운 사회를 실현함으로 조선을 독립시키기 위하여" 비밀 서클을 만들었다고 기술한 것이다.

징역 3년을 받은 윤장혁은 감옥 안에서도 독립운동을 멈추지 않았다. 조선은행 대구지점에 폭탄을 던진 일로 수감된 장진홍이 옥중에서 순국하자, 윤장혁은 대구형무소 안에서 만세운동을 일으켜 징역 8개월을 더 받았다.

그 정도로 고초가 심했던 윤장혁이 해방 이듬해인 1946년 9월에는 미군정을 겨냥하는 대규모 투쟁에 나서 10월 대구항쟁과 미군정 계엄령을 촉발시켰다. 미군정은 그에게 징역 5년형을 선고했다. 미군정이 그를 가둔 곳도 대구형무소다. 나중에는 대전형무소로 이감됐다.

미군정을 그런 상태로 몰아넣는 데 결정적 역할을 수행한 독립운동가가 윤장혁이다. 계엄령 선포를 통해 미군정의 본질이 드러나고 한국인들의 거부 의사가 명확해졌다. 그런 상황을 만들어냈으니, 그가 이뤄낸 성과의 무게는 상당하다. 해방 이후 가장 강력한 계엄령을 초래한 이 독립운동가는 1968년에 세상을 떠났다.

지금은 거의 기억되지 않지만, 미군정에 맞서 한국 대중의 이익을 대변했던 인물이다. 그러나 그의 이름은 국가보훈부 독립유공자 명단에 없다.

27

"국회의원부터 '친일파' 전수 조사 합시다!"

— 제헌국회 내의 친일청산을 시도한 국회의원 김명동

1948년 가을, 신생 대한민국 국회의사당에는 묘한 긴장감이 감돌았다. 반민특위가 구성된 지 얼마 되지 않았지만, 10명의 특위 위원들 사이에서도 온도 차가 뚜렷했다. 어떤 이는 형식적인 조사로 마무리하려 했고, 어떤 이는 진정한 청산을 꿈꿨다. 그중 가장 선명한 친일청산의 기치를 내건 국회의원 김명동이 있었다.

"우리 내부부터 청산해야 합니다."

김명동의 말에 의원들이 술렁였다. '우리 내부'란 의원이 의원을 조사하자는 말 아닌가.

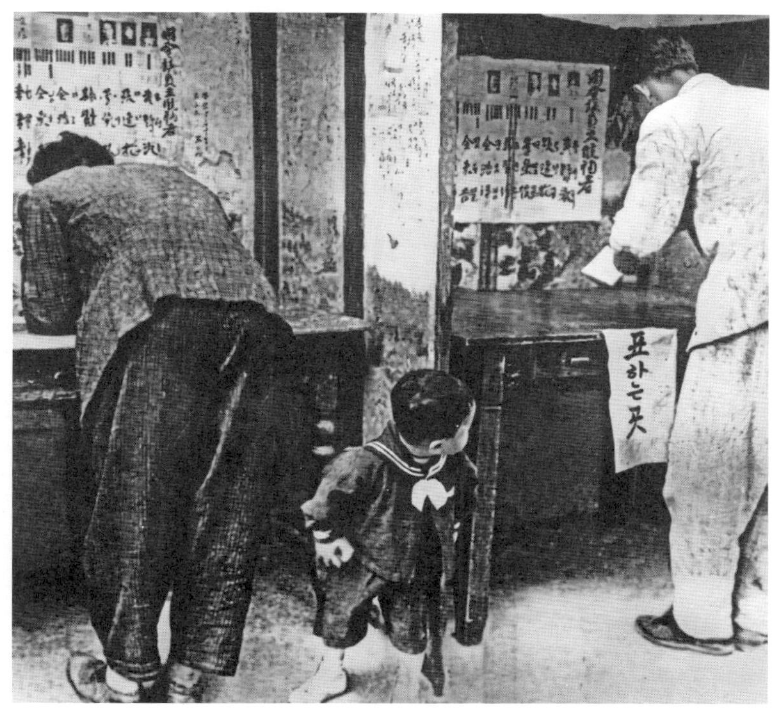

→ 1948년 5월 10일, 제헌국회 총선 투표 광경.

10인의 반민특위, 유일한 희망이었다

•

1948년 하반기는 한국 현대사에서 친일청산이 가장 역동적인 이슈였던 시기였다. 반민법(반민족행위처벌법)이 만들어지고 이듬해에 국회 반민특위가 친일파들을 속속 체포하며 열광적인 분위기가 조성됐다. 거리에서는 사람들이 환호했고, 신문에는 연일 친일파 체포 소식이 실렸다.

하지만 이 열기의 이면에는 냉혹한 진실이 숨어 있었다. 역설적으로 이 시기는 친일청산의 동력이 가장 약할 때였다. 1948년 5·10 총선과 8·15 정부수립 직후는 미군정이 이미 무장 독립운동가들과 사회주의 계열 운동가들을 상당 부분 약화시킨 뒤였다. 가장 강력하게 친일청산을 추진할 세력이 꺾인 상태에서 반민특위 10명의 국회의원은 사실상 유일한 희망이었다.

김경배, 김명동, 김상덕, 김상돈, 김준연, 김효석, 박우경, 오기열, 이종순, 조중현.

9개 도와 특별시를 대표하는 이들은 1948년 9월 23일 국회 반민특위를 구성했다. 김상덕이 위원장을, 김상돈이 부위원장을 맡았다. 10명 중 6명은 항일운동가 출신이었다. 김상덕, 김명동, 김준연, 오기열, 이종순, 김경배. 하지만 이들의 결속은 생각보다 약했다. 김준연은 변절자였고* 다른 이들도 온도 차가 뚜렷했다. 조규갑·김경배는 반민법 제정에 적극 찬성했다. 그러나 김준연은 반민족행위자의 범위를 대폭 축소하고 처벌도 관대히 할 것을 강하게 주장했다. 김상돈은 경감·면제 조항을 적극 찬성했고 조중현, 오기열, 김효석, 이종순은 침묵으로 일관했다.

김명동만 친일청산에 가장 적극적이었다. 그의 이름처럼 '명동

---

* 친일반민족행위진상규명위원회의 『친일반민족행위진상규명보고서』 제3-1권은 "독립운동 경력을 가진 특별조사위원은 김상덕·김명동·김준연·오기열·이종순·김경배 등 모두 6명이었다."라고 말하고 이 중에서 김준연을 변절자로 분류한다.

→ 1948년 5월 31일 오후에 중앙청 홀에서 제헌국회 개원식이 열렸다. 오전 제1차 본회의에서 초
대 국회의장으로 선출된 이승만이 개원사를 낭독하고 있다.

(明東)', 동쪽을 밝히듯 선명한 노선을 걸었다.

황당한 보고서, 국회의원 중 반민법 제5조 해당자는 한 명도 없다?

•

"정부 내 친일파를 조사하는 것만으로는 부족합니다. 우리 내부의 친일파부터 청산합시다."

김명동의 제안에 국회의사당이 술렁였다. 전 정권 청산이 최대 이슈였던 2016년과 2024년의 탄핵 정국에서 국회의원들의 입장과 태도가 핵심 변수가 됐듯이, 1948년의 친일청산 국면에서도 특위 국회의원들의 입장이 중요했다. 그런데 김명동은 한 걸음 더 나아갔다. 동료 의원들 중 친일파가 있다면, 그들부터 법의 심판을 받아야 한다고 주장한 것이다.

김명동은 김상덕 위원장과 김상돈 부위원장을 설득하여 국회 자격심사위원회가 국회의원을 전수 조사에 착수하게 만들었다. 약 3주에 걸쳐 의원 200명의 과거 행적을 조사했다. '아무개는 친일파'라는 투서가 들어온 의원들의 경우, 조사단은 출신지까지 찾아갔다.

그러나 1949년 3월, 위원회는 황당한 결론을 내놓았다.

'국회의원 중 반민법 제5조 해당자는 한 명도 없다.'

반민법 제5조는 '일본 치하에서 고등관 3등급 이상, 훈5등 이

1948년 10월, 반민특위 투서함. 1948년 10월 전남 광주, 반민족행위특별조사위원회 전라남도 조사부에 설치한 투서함에 투서하는 모습. 국회는 1948년 9월 7일, 전문 3장 32조로 된 반민법을 통과시키고, 정부가 9월 22일 공포하였다. 1949년 1월 8일 박흥식을 반민족행위자 제1호로 체포하면서 반민특위의 활동이 본격적으로 시작되었다. 2월 22일 악명 높은 친일경찰 노덕술을 구속했고 6월 4일에는 서울시 경찰국 사찰과장과 종로서 사찰과 주임을 반민족행위자 피의자로 체포했다.

상을 받은 관공리 또는 헌병, 헌병보, 고등경찰의 직에 있던 자'에 관한 규정이었다. 친일 행위의 상세 내용은 제4조에 있었다(다음 쪽 상자 참조). 위원회는 왜 제4조는 보지 않았을까? 이의제기가 있었지만 묵살됐다.

김명동은 국회 내의 반민법 위반자를 색출하자고 했지만, 위원회는 반민법 제5조 위반자만 찾아봤다. 그런 뒤 '국회 내에는 반민법 위반자가 없다'가 아니라 '국회 내에는 제5조 위반자가 없다'는 결론으로 종결했다. 이 시기 친일청산이 얼마나 부조리한 여건 하에서 진행됐는지를 알 수 있다.

반민족행위처벌법 〈제1장 죄〉

[시행 1948. 12. 28.] [법률 제13호, 1948. 12. 7., 일부개정]

제1조

일본 정부와 통모하여 한일합병에 적극 협력한 자, 한국의 주권을 침해하는 조약 또는 문서에 조인한 자와 모의한 자는 사형 또는 무기징역에 처하고 그 재산과 유산의 전부 혹은 2분지 1 이상을 몰수한다.

제2조

일본 정부로부터 작을 수한 자 또는 일본제국의회의 의원이 되었던 자는 무기 또는 5년 이상의 징역에 처하고 그 재산과 유산의 전부 혹은 2분지 1이상을 몰수한다.

제3조

일본치하 독립운동자나 그 가족을 악의로 살상박해한 자 또는 이를 지휘한 자는 사형, 무기 또는 5년 이상의 징역에 처하고 그 재산의 전부 혹은 일부를 몰수한다.

제4조

좌의 각호의 1에 해당하는 자는 10년 이하의 징역에 처하거나 15년 이하의 공민권을 정지하고 그 재산의 전부 혹은 일부를 몰수할 수 있다.

1. 습작한 자
2. 습중추원부의장, 고문 또는 참의되었던 자
3. 습칙임관이상의 관리되었던 자
4. 습밀정행위로 독립운동을 방해한 자
5. 습독립을 방해할 목적으로 단체를 조직했거나 그 단체의 수뇌간부로 활동하였던 자
6. 습군, 경찰의 관리로서 악질적인 행위로 민족에게 해를 가한 자
7. 습비행기, 병기 또는 탄약등 군수공업을 책임경영한 자

8. 도, 부의 자문 또는 결의기관의 의원이 되었던 자로서 일정에 아부하여 그 반민족적 죄적이 현저한 자

9. 관공리되었던 자로서 그 직위를 악용하여 민족에게 해를 가한 악질적 죄적이 현저한 자

10. 일본국책을 추진시킬 목적으로 설립된 각단체본부의 수뇌간부로서 악질적인 지도적 행동을 한 자

11. 종교, 사회, 문화, 경제 기타 각부문에 있어서 민족적인 정신과 신념을 배반하고 일본침략주의와 그 시책을 수행하는 데 협력하기 위하여 악질적인 반민족적 언론, 저작과 기타 방법으로써 지도한 자

12. 개인으로서 악질적인 행위로 일제에 아부하여 민족에게 해를 가한 자

제5조

일본치하에 고등관 3등급 이상, 훈 5등 이상을 받은 관공리 또는 헌병, 헌병보, 고등경찰의 직에 있던 자는 본법의 공소시효 경과 전에는 공무원에 임명될 수 없다. 단, 기술관은 제외한다.

제6조

본법에 규정한 죄를 범한 자 개전의 정상이 현저한 자는 그 형을 경감 또는 면제할 수 있다.

제7조

타인을 모함할 목적 또는 범죄자를 옹호할 목적으로 본법에 규정한 범죄에 관하여 허위의 신고, 위증, 증거인멸을 한 자 또는 범죄자에게 도피의 길을 협조한 자는 당해 내용에 해당한 범죄규정으로 처벌한다.

제8조

본법에 규정한 죄를 범한 자로서 단체를 조직하는 자는 1년 이하의 징역에 처한다.

당시 사회 분위기상 헌병이나 고등경찰 출신이 국회의원이 되기는 쉽지 않았다. 고위 관료 출신이라도 재력이 없으면 총선 출마가 어려웠다. 국회의원들에게는 별로 해당되지 않을 제5조만 콕 집어서 적용한 것이다. 김명동의 '자가청소' 제안이 상당수 의원들을 얼마나 부담스럽게 했는지 보여주는 대목이다. 결국 국회는 친일파 처벌의 무풍지대가 됐다.

20대 청년 김명동, 독립운동의 최전선에 서다

•

김명동은 왜 이토록 친일청산에 집착했을까? 그의 과거를 들여

→ 1927년 2월 14일자 「조선일보」에 실린 신간회 창립식 모습.

다보면 답이 보인다.

1902년 충남 홍성군 서부면, 명문가의 자제로 태어난 김명동은 한학을 공부하며 자랐다. 17세의 나이로 3·1운동에 뛰어들었을 때, 그의 운명은 이미 정해진 것이나 다름없었다. 1927년에 25세의 김명동은 신간회 설립에 참여했다. 신채호, 한용운, 조만식, 이상재, 안재홍, 홍명희. 독립운동계의 걸출한 거목들이 포함된 국내 최대의 좌우합작 독립운동 단체인 신간회의 발기인 34명 중에 1명이 김명동이었다. 20대 중반의 김명동이 얼마나 촉망받는 청년 운동가였는지를 알 수 있는 대목이다.

신간회에서 그는 중앙집행위원과 재무부원을 역임했다. 지방

지부 확장에도 적극 나섰다. 신간회는 전국으로 뻗어나갔다. 일제 고등법원검사국의 기록에 따르면 지방 지부가 260개에서 386곳에 이르렀다.* 그 확장의 최전선에 김명동이 있었다.

43세의 나이로 광복을 맞이한 김명동은 1948년 5·10총선에서 충남 공주 지역구 무소속 후보로 당선됐다. 그리고 반민특위에서 가장 선명한 반일 행보를 이어갔다. 그것은 1949년 6월 6일, 그를 위험 속으로 내몰았다. 반민특위가 친일파들을 속속 체포하며 열광적인 분위기를 만들어내자 이승만은 거듭 제동을 걸었다. 처음에는 담화와 성명으로 훼방을 놓았다. 그러다 6월 6일, 마침내 경찰력을 동원한 무력 공격에 나섰다.

1949년 6월 6일, 폭력의 날

•

6월 6일 오전 7시, 윤기병 서울 중부경찰서장이 병력 80명을 뒷마당에 집합시켰다.

"우리가 하려는 행동은 불법적인 비상조치다. 사정이 있는 사람

---

* 전 동덕여대 교수 이균영의 「신간회 연구」 ; 일제 고등법원검사국(고등검찰청)이 1931년에 발행한 「조선형사정책자료」 참조.

은 빠져도 좋다."

윤기병은 이렇게 말하고 체포조 40명을 선발했다. 자신도 권총에 실탄을 장전하고 현장으로 향했다. 목표는 반민특위였다. 체포조는 반민특위 직원들과 특경대원들을 체포했다. 특위 정문을 봉쇄했다. 반민특위 특별검찰부장 권승렬이 정문에 도착했을 때, 그는 "상부 지시" 운운하는 체포조에 가로막혔다. 몸수색을 당하고 무기를 빼앗겼다. 김명동이 이 광경을 목격했다.

"상부 지시라니, 상부가 누구냐?"

김명동의 고함 소리가 특위 건물에 울려 퍼졌다. 김상돈도 함께 고함을 쳤다. 윤기병은 냉정하게 말했다.

"좋을 대로 해석하시오."

김상돈이 "즉각 국회를 열겠다."며 호통을 쳤다. 윤기병이 태연하게 응수했다.

"마음대로 하시오."*

그렇게 반민특위가 무력화되면서 1949년 하반기에 친일청산의 동력은 완전히 꺾였다.

의로운 역사의 외로운 파수꾼

•

6월 6일 사건이 있은 뒤에 김명동은 뇌물수수 혐의로 구속됐

---

* 반민특위에 관한 61번째 특집이 실린 1977년 9월 5일자 「경향신문」 5면 참조.

다가 국회의 석방 요구 결의로 풀려났다. 반민특위를 주도한 다른 의원들은 빨갱이로 몰려 유명한 '국회 프락치 사건'의 희생자가 됐다. 정부는 물론이고 국회 내의 친일파부터 찾아내자며 친일청산을 선도한 김명동의 투쟁은 그렇게 막을 내렸다. 이후 그는 1950년 제2대 총선에서 재선에 성공했지만 그 직후 한국전쟁 와중에 목숨을 잃었다.

국가보훈부의 독립유공자 명단에는 그의 이름이 없다. 하지만 일제 강점기 독립운동의 현장에는 그가 있었다. 해방 후 친일청산의 최전선에도 그가 있었다. 그는 친일청산이라는 의로운 역사의 외로운 파수꾼이었다.

그 독립운동가는
왜 이승만을 쏘았나?

– 독립운동 2라운드에 용감히 나선 의열단원 유시태

1952년 6월 25일 부산. 전쟁 2주년인 그날 부산은 임시수도였다.* 충무로광장에는 사람들이 가득했다. 6·25사변 2주년 기념식이 열리는 날이었다.

이승만이 연단에 올랐고 대통령 훈화가 시작됐다. 그날 이승만은 세계 각국이 한국전쟁을 지원할 수밖에 없다는 점을 특히 강

---

* 부산이 임시수도가 된 것은 한국전쟁 중인 1950년 8월 18일이다. 인천상륙작전(9.15)과 서울 수복(9.28) 이후인 10월 2일에는 "대통령 각하를 위시하여 정부도 9월 29일 천도"했다는 전규홍 총무처장의 담화가 발표됐다(10월 4일자 「동아일보」 2면). 그랬다가 중공군이 서울에 들어오기 이틀 전인 1951년 1월 3일 부산 재천도가 있었고, 휴전협정 이후인 1953년 8월 15일에 서울 재환도가 있었다.

조했다.*

연단 뒤편의 귀빈석에는 62세의 한 남자가 조용히 앉아 있었다. 경북 안동 출신의 독립운동가이자 의열단원이었던 유시태였다. 오전 10시 50분경, 유시태가 일어섰다. 품에서 권총을 꺼냈다. 대담하게도 이승만의 등 뒤 불과 3미터 거리에서 그는 방아쇠를 당겼다.

찰칵.

총알이 나가지 않았다. 유시태는 다시 방아쇠를 당겼다.

찰칵.

또 불발이었다. 유시태는 그 자리에서 체포됐다.

"대통령께서 훈화하시기 위하여 연단에 등단, 훈화 중 흉범 유시태는 배후 약 3미터 거리에서 저격코자 휴대한 권총의 방아쇠를 두 번이나 당겼으나 불발로 인하여 목적을 달하지 못하고 체포되었다."**

공보처는 유시태에게 저격을 제의한 국회의원 김시현이 8회에

---

* 그해 6월 28일자 「조선일보」 '전쟁 완승을 확신, 이 대통령 6·25훈화'에 따르면, 그는 "모든 우방들이 우리나라에서 승전치 못하면 그 후에는 모든 자기 나라들이 이와 같은 화를 당할 것을 충분히 깨달으므로 속히 성공하기를 결심하고 있는 터이니 이 전쟁은 성공으로 마칠 것을 우리는 조금도 염려치 않는 바이다."라고 연설했다.

** 이 사건에 관한 공보처의 제2차 발표문을 수록한 그달 28일자 「경향신문」 2면 우상단 참조.

→ 독립운동가 유시태가 1952년 6월 25일 이승만을 뒤에서 저격하려는 당시 모습. 원 안의 인물이 유시태이다.

걸쳐 권총 사용법을 가르치고 의원 지위를 이용해 유시태를 귀빈석에 앉힌 사실도 발표문에 담았다. 김원봉이 이끄는 의열단에서 활동했던 1890년생 유시태가 의열단 동지인 1883년생 김시현과 함께 뉴스의 초점으로 떠오른 순간이었다. 이 사건으로 인해 유시태는 사형선고를 받았다가 무기징역으로 감형됐다. 김시현도 마찬가지였다.

만약 총알이 발사됐다면 역사는 어떻게 바뀌었을까? 알 수 없다. 다만 한 가지는 분명하다. 62세 노인이 목숨을 걸고 그런 일을 벌인 데에는 절박한 이유가 있을 것이라는 점.

독립운동의 제2라운드

•

1945년 8월 15일, 일제가 항복했다. 독립이었다. 하지만 완전한 독립은 아니었다. 일본군은 물러갔지만 미군과 소련군이 들어왔다. 38도선이 그어졌다. 한반도의 주도권은 한민족이 아니라 여전히 외세가 쥐고 있었다. 독립운동은 끝나지 않았다. 38도선 이남의 독립운동가들은 미군정과 친일세력을 상대로 제2의 독립투쟁을 벌였다. 그것은 친일청산과 분단반대 운동으로 나타났다. 백범 김구가 1949년 6월 26일 경교장에서 비극적 최후를 맞이한 것은 그가 제2라운드 대결의 선두에 섰기 때문이다. 김구는 독립운동 중에 쓰러진 인물이다. 김구가 흉탄을 맞고 쓰러진 뒤, 제2의 독립운동 대열에서 불쑥 튀어나와 이승만에게 권총을 겨눈 독립투사가 유시태다. 그는 국가보훈부가 해방 80년이 넘도록 독립유공자로 인정하지 않는 의열단원이다.

유시태는 1890년 경북 안동에서 태어났다. 청일전쟁으로 일본이 조선을 장악하기 4년 전이었다. 그가 청년기를 보낸 시대는 식민지 시대였다. 3·1운동이 일어난 1919년에 그는 29세 나이로 당진과 예산 등지에서 선전 활동을 벌였다. 김원봉이 이끄는 무장투쟁 조직인 의열단에 들어간 것은 1921년이었다. 의열단원은 글자 그대로 목숨을 걸고 의열투쟁을 벌인 사람들이었다. 유시태도 그중 하나가 됐다. 그로부터 2년 뒤에 독립운동 자금을 확보하고자 서울의 대부호인 이인희의 집을 동지 남정각과 함께 방문했다.

"우리는 나랏일 하는 사람들입니다."

유시태가 말했다. 독립운동가라는 뜻이었다. 이인희는 고개를 끄덕였다.

"알겠습니다. 내일 다시 오십시오."

유시태와 남정각은 희망을 품고 일단 돌아갔다. 그러나 다음 날, 이인희의 집을 다시 찾은 그들을 기다리고 있었던 것은 경찰이었다. 이인희가 신고했던 것이다. 그는 돈을 줄 생각이 전혀 없었다. 유시태와 남정각은 체포됐고 그해 8월에 법원은 유시태에게 징역 7년을 선고했다. 죄목은 주거침입과 절도 미수였다. 독립운동가가 도둑이 된 것이다.*

정부수립 직후에 조직된 국회 반민특위는 친일청산 기운이 왕성했던 1949년 3월 초에 이인희에 대한 구속영장을 발부했다. 자금 제공을 거부했기 때문이 아니라, 준다고 해놓고 신고했기 때문이다. 영장이 발부되자 종적을 감춘 이인희는 그달 18일 반민특위에 나타나 자수했다.

반민특위 특별검찰부 자료집인 『반민특위 조사기록』에 수록된 그해 4월 2일자 이인희 신문조서에 따르면, 유시태는 이인희에게 '우리는 나랏일 하는 사람들'이라고 소개했다. 3월 26일자 조서에

---

* 1949년 3월 19일자 「조선일보」 2면 우중단은 이인희를 "경북 예천 출신의 갑부이며 수전노로 유명한 자"라고 소개한다. 그런 뒤 "유시태 의사와 남정각 의사가 독립운동 자금을 얻고자 찾아가자, 이(李)는 쾌히 이를 승락한 후 그 이튿날 오라고 해놓고 경찰에 연락하여, 또다시 찾아갔던 전기(前記) 양(兩) 의사를 체포케" 했다고 설명했다.

의하면, 이인희는 자신이 이 말을 '독립운동가'로 알아듣지 못하고 '강도'로 이해했다고 진술했다. 유시태가 독립운동가임을 알게 된 것은 최근이라는 게 그의 항변이었다. 그런 분들인 줄 몰랐다고 뻔뻔하게 변명을 한 것이다.

하지만 시국이 변하고 있었다. 1949년 6월 6일, 경찰이 반민특위를 습격했다. 친일청산의 동력이 꺾이기 시작했다. 8월 30일에 특별검찰부는 이인희에게 기소유예 처분을 내렸다. "상대방이 독립운동가인지 아닌지를 판단하는 과정에서 착오가 있었다"는 것이 이유였다. 유죄이지만 기소하지 않겠다는 것.

이인희의 '착각'으로 인해 1923년에 7년을 옥살이를 했던 유시태는 1931년에 시국비방죄로 또다시 1년형을 선고받고 복역했다. 도합 8년. 유시태가 일제 치하 감옥에서 보낸 세월이었다. 의열단원으로서, 독립운동가로서 그가 치른 대가였다.

1945년 해방이 왔다. 하지만 유시태가 꿈꾼 나라는 오지 않았다. 친일파들이 요직을 차지했다. 독립운동가들은 변두리로 밀려났다. 백범 김구마저 총에 맞아 죽었다.

그가 이승만을 쏜 이유

●

1952년. 같은 의열단원 출신으로 국회의원이 된 김시현이 유시태에게 거사를 제안했다.

"이승만을 제거해야 합니다."

　유시태가 거사를 결심한 동기는 독립운동 및 친일청산 문제와 직결돼 있었다. 이승만 정권은 독립운동가들을 탄압하고 친일세력을 중용했다. 이에 대한 의로운 불만이 거사의 주요 동기였다.*

---

*　유시태의 행위 동기는 그에게 거사를 제안한 김시현의 행위 동기에 대한 학술 연구에서 확인된다. 『한국인물사연구』 2008년 제10호에 게재된 허종 충남대 교수의 논문 '1945~1960년 김시현의 통일국가 수립운동과 이승만 대통령 저격 사건'은 증언과 보도를 기초로 "김시현은 이승만 대통령이 일제 강점기에 민족운동을 전개했던 인물들을 탄압하거나 멀리하고, 일부 민족운동가들을 단지 자신의 정치적 행동을 합리화하는 데 이용하고 있다고 인식"하였다고 설명한다. 그러면서 "(이승만이) 친일 행적이 있는 자들을 권력의 요직에 기용하는 등 친일세력과 손을 잡고 있는 것에 대해 강한 불만을 가지고 있었다."고 기술한다.

이런 동기가 없었다면 유시태가 그런 커다란 위험을 감수하기는 힘들었을 것이다. 유시태와 김시현은 제2의 독립운동을 위해 이승만 저격을 준비했던 것이다.

이런 동기에 더해 신성모 문제도 빼놓을 수 없다. 국민방위군 사건과 거창 양민 학살의 책임자인 국방부장관 신성모는 처벌받기는커녕 주일대사로 임명됐다. 어느 체제에서건 민간인을 학살하고 국민을 학살하는 것만큼 정권의 정통성을 깎아내리는 일은 없다. 이승만 정권이 스스럼없이 자행한 양민 학살 역시 유시태와 김시현을 거사로 내몬 배경이었던 것이다. 이승만의 무능한 전쟁 수행과 장기집권 음모에 대한 불만도 컸다.

유시태는 동의했다. 김시현은 8차례에 걸쳐 그에게 권총 사용법을 가르쳐주고 자신의 국회의원 지위를 이용해 유시태를 귀빈석에 앉혔다. 그리고 1952년 6월 25일, 유시태는 3미터 거리에서 방아쇠를 당겼다. 제2의 독립운동을 위해서였다.

유시태와 김시현은 사형을 선고받았다가 나중에 무기징역으로 감형됐다. 62세에 거사를 시도했던 유시태는 감옥에서 여생을 보냈다. 일제 치하에서 8년, 대한민국에서 무기징역. 그의 인생 대부분은 감옥이었다.

의열단원 강인수는 1980년에 건국훈장 독립장을 받았다. 이런 데서도 확인되듯이, 의열단원이라고 해서 무조건 독립유공자 지정을 받지 못한 것은 아니다. 3·1운동 참여, 의열단 활동, 일제 치하 징역 8년, 유시태의 독립운동 경력은 차고 넘친다. 그렇다면 왜 유시태는 안 되는가? 이유는 하나다. 그가 이승만에게 총을 겨눴기 때문이다. 4·19로 이승만이 쫓겨난 지 66년이 흘렀지만 대한민국은 아직도 이승만의 망령에 갇혀 있다.

29

독립운동가 무료 변호하고,
친일청산을 지휘한 검찰총장

– 초대 검찰총장 권승렬이 걸어간 길

1895년, 일본군이 동학혁명을 진압하고 조선 땅을 침범하던 그 해에 한 아이가 태어났다. 출생지가 경북 안동인지 서울인지는 기록마다 다르지만, 호적부에는 지금의 서울 무교동이 본적으로 기재되어 있다. 이름은 권승렬.

서당과 소학교를 거친 그는 1908년 관립한성외국어학교 일어부에 입학했다. 일제 강점 이듬해인 1911년, 학교를 졸업한 16세 소년 권승렬은 처음에 일제 관료의 길을 선택했다. 1915년, 20살의 나이로 조선총독부 판임관 견습 시험에 합격했다. 이듬해부터 황해도 연백군청에서 견습 생활을 시작했고 1년 뒤에는 정식 판임관이 되었다. 지방 군청에서 판임관은 몇 되지 않았다. 사람들은 그를 '나리'라 불렀다.

나리 소리를 들으며 일제의 관료 생활에 안주할 수도 있었던 청년 권승렬의 마음을 뒤흔든 것은 1919년 3·1운동이었다. 1920년 2월, 그는 벽지로 평가되는 황해도 곡산군청으로 전보되었다. 그리고 넉 달이 채 안 되어 결단을 내렸다. 1920년 6월 4일, 권승렬은 사표를 냈다. 그는 훗날 회고록에서 군청 일을 그만둔 뒤 독립운동을 하고자 상하이에 갔었다고 적었다.* 비록 얼마 뒤에 귀국했지만 짧은 상하이행은 그의 삶의 방향을 완전히 바꿔놓았다. 1922년, 27세가 된 권승렬은 도쿄 주오대학 법과에 입학했다. 3년 뒤 조선 변호사 시험에 합격했고 1926년 대학을 졸업했다. 이제 그 앞에는 법정이라는 이름의 전장이 펼쳐졌다.

단골손님이 독립운동가, 수임료는 0원이었다

•

변호사 권승렬의 사무실에는 의뢰인들이 넘쳐났다. 하지만 그들은 돈을 낼 수 있는 고객이 아니었다. 일제 경찰에 잡혀온 독립투사들이 권승렬의 단골손님이었다. 조선공산당 사건, 간도공산당 사건, 광주학생운동, 여운형 체포 사건, 안창호 체포 사건⋯⋯. 독립운동과 관련된 곳이라면 어디든 권승렬이 있었다. 법정에서 그

---

* 2009년도 『지역과 역사』 제25호에 실린 서용태 당시 부산대 강사의 논문 '1920~1930년대 권승렬의 변호사 활동'에서 인용한 『털어놓고 하는 말』이라는 책에 실린 '각하, 빨리 결정하셔야 합니다' 참조.

는 독립투사들을 변호했고 그들의 건강과 인권을 챙겼다.

숫자가 말해준다. 1929년에 권승렬 변호사사무소는 총 42건을 수임해 4,100원을 벌어들였다.* 오늘날의 국회의원과 비슷한 중추원 참의 김영진이 1929년에 받은 연봉이 1,500원이었으니 4,100원은 적지 않은 수입이었다. 이를 감안하면 4,100원은 많은 수입이지만 2개 이상의 사무소를 운영했으므로 직원 봉급과 사무소 경비를 뺀 나머지가 권승렬의 실제 수입이다.

또한 42건 중 형사 사건은 6건이었고, 여기서 발생한 수입은 100원이었다. 6건 중에서 수입이 발생한 것은 2건뿐이고 그중 1건은 국선 사건이었다. 다음 해인 1930년은 더 극명했다. 총 38건을 수임해 3,470원을 벌었지만 형사 사건 8건에서 발생한 수입은 0원이었다.

일제 관헌에 붙들린 독립운동가들을 무료로 변호하고 그들의 건강과 인권을 챙긴 것은 독립운동의 범주에 속한다. 그런 일에 헌신했으니, 그의 수입은 물질적으로 보면 0원이지만 역사에 대한 기여도로 보면 가치를 헤아릴 수 없는 거액이다. 국가보훈부는 그를 독립유공자로 인정하지 않지만 그가 쌓은 독립운동 마일리지는 보훈부의 평가 여하에 좌우되지 않는다.

권승렬은 혼자가 아니었다. 김병로, 이인, 김태영, 김용무, 허헌,

---

* 앞의 논문에 인용된 총독부 법무국 법무과의 1930년도 〈변호사 인가 신청에 관한 서류〉 참조.

후세 다쓰지 등 내로라하는 항일 변호사들이 힘을 모았다. 독립운동 사건에는 상당한 비용이 들었고 일제의 감시와 탄압도 당연히 뒤따랐다. 그들은 형사공동연구회를 창설해 조직적으로 대항하기도 했다. 아무리 많이 맡아도 '수입 0원'으로 끝날 수 있는 독립운동 변호 활동을 더욱 잘 해내기 위한 권승렬 등의 의지를 느낄 수 있다.

정치공작 수사, 대통령의 특명을 거부하다

•

1945년 8월 15일, 50세의 권승렬은 해방을 맞았다. 그리고 독립운동의 관점에서 보면 선뜻 이해되지 않는 행보를 보였다. 친일 정당인 한민당(한국민주당)의 발기인이 되고 독립운동 진영을 억압하는 미 군정하에서 법제처장을 맡았다. 친일 정권인 이승만 정부의 초대 법무부 차관, 검찰총장, 법무부 장관이 되었다.

이것은 명백한 한계였다. 그러나 권승렬은 그 한계 속에서도 자신이 할 수 있는 일을 했다. 아니, 해야만 하는 일을 했다. 그는 친일청산을 지휘했다.* 악명높은 친일 경찰 노덕술은 반민특위를 와해시키려 하는 과정에서 이렇게 말했다고 한다.**

"다 암살하는 김에 권승렬 검찰총장도 없애자."

반민특위 특별검찰관장이 되어 친일파를 기소하고 재판을 진두지휘한 일로 인해 생명의 위협까지 받았던 것이다.

법무부 장관이 된 권승렬은 이때도 소신을 지키고자 애썼다. 경무대와 연계된 친이승만 세력이 대한정치공작대라는 사설 수사기관을 만들었다. 공산 게릴라의 봉기 가능성 운운하며 무고한 사람들

---

* 정부수립 직후의 친일청산 기구인 국회 반민특위 안에는 특별검찰부와 특별재판부가 있었다. 1948년 8·15 정부수립과 함께 법무부 차관이 됐다가 11월 4일 검사총장(대검찰총장) 취임식을 가진 권승렬은 그 뒤 반민특위 특별검찰부에 참여했다. 대통령 소속 친일반민족행위진상규명위원회의 『친일반민족행위진상규명보고서』 제3-1권은 1948년 11월 30일에 국회가 반민특위 특별검찰부 검찰관(검사)으로 권승렬·노일환·곽상훈 등 9인을 선출한 일을 설명한 뒤 "12월 4일 현직 검찰총장인 권승렬이 특별검찰관장에 선출되었고, 국회의원 노일환이 검찰차장으로 결정되었다."라고 기술한다.

** 검찰개혁 대담집인 최강욱·김의겸·금태섭·이정렬·김선수의 『권력과 검찰』(2017) 참조.

을 공산당원으로 몰아 체포하고 고문했다. 불법 사조직이 국가 권력을 사칭한 것이다. 첩보를 입수한 검찰은 수상히 여겨 수사하려 했다. 그러나 이승만 대통령은 측근이 수사 중이라며 명령을 내렸다.

"검찰은 이 사건에 일체 관여하지 말라."

하지만 이승만 대통령의 지시에도 아랑곳없이 권승렬은 김익진 검찰총장과 보조를 맞춰 사건을 수사했다. 서울지검 정보부 검사를 수사에 투입해서 1950년 4월에 정치공작대원 108명을 검거했다.[*]

70여 년 전, 초대 검찰총장이었던 권승렬이 걸어온 길은 한민당, 미군정, 이승만 정권에 협력한 한계를 분명히 가지고 있었다. 그러나 동시에 그는 법무부와 검찰을 지휘하며 친일청산과 인권 보호를 추진했다. 그는 수입 0원의 독립운동 변호를 마다하지 않았고, 생명의 위협을 무릅쓰고 친일청산을 밀어붙였으며 서릿발 같은 대통령의 특명조차 거부하고 정의의 길을 택했다. 권승렬은 1980년에 향년 85세로 세상을 떠났다. 그가 걸었던 길은 21세기 대한민국을 혼란스럽게 만든 정치검찰과는 너무나 대조적이었다.

---

[*] 2006년에 『법사학 연구』 제34호에 실린 문준영 부산대 교수의 논문 '헌정 초기의 정치와 사법' 참조.

숨은 주인공들이
대접받는 그날이 올 때까지

소수의 지사들이 아니라 일반 민중이 독립운동을 주도했고, 소
작쟁의·노동쟁의나 강제징용·강제징병 거부투쟁 등에서 이들의
활약이 두드러졌는데도 이들의 존재는 한국의 역사교육에서 뒷전
으로 밀려나 있다. 이 점은 한국 사회의 모순을 이해하는 데에 도
움이 된다.

진보적 인물들이 일반 민중과 함께 최일선에서 투쟁을 주도한
끝에 광복이 이뤄졌다면, 이들이 대한민국을 주도했어야 이치에
맞는다. 그런데 엉뚱하게도 미군의 지원을 받는 친일 세력이 주도
권을 가로챘다. 친일파들은 친미파와 손잡고 미군의 힘을 빌려 항
일운동 세력을 짓밟고 이 땅의 주인 행세를 해왔다. 일제강점기
를 직접 경험한 친일 세력이 친미파와 함께 한국을 지배하는 이

구도가 종언을 고한 것은 1979년이다. 10·26 사태는 친일정권의 붕괴라는 측면에서도 역사적 의의를 갖는다.

1979년에 친일정권이 붕괴했다고 해서 친일세력의 지배가 그때 막을 내린 것은 당연히 아니다. 친일세력은 미군정기와 이승만 집권기에 반공세력으로 둔갑했고, 그들의 계승세력은 21세기가 된 지금까지도 목소리를 낮추지 않고 있다. 이들의 기세가 아직도 상당하다는 점은 한국 독립운동을 실제로 주도한 세력이 역사적 조명을 받지 못하고 있는 핵심 원인이다.

이 책의 주인공들은 독립운동의 본질에 맞춰 일제와 싸웠다. 그런데도 이들이 역사의 주역으로 자리매김하지 못한 것은 역사학자들의 무능 때문이 아니다. 항일세력과 그 계승자들을 억압하는 구도가 해방 이후에도 계속됐기 때문에 생겨난 '참담한' 결과다. 이 세력은 미군정기와 이승만 정권 때 타격을 받고 힘을 잃었다. 그 뒤에 되살아나 4·19와 6월항쟁 같은 정치적 성공을 어느 정도 거두었지만 한국 사회를 근본적으로 바꾸지는 못했다. 그래서 이 책의 주인공들을 제대로 모실 공간이 아직까지 마련되지 못했다. 이 책의 주인공 같은 사람들이 독립시킨 나라이지만, 막상 독립된 뒤에는 더 이상 이들의 나라가 아니었다. 그래서 이들은 여전히 이 땅에서 대우받지 못하고 있다.

이는 독립운동의 역사를 올바로 쓰는 것이 실상은 한국 사회를 바로잡는 일임을 보여준다. 이는 단순한 역사 문제가 아니다. 독립운동가나 그 유족에 대한 보답 차원에 그치는 일도 아니다. 독립운동의 역사를 제대로 쓰는 것은 이 책의 주인공들과 비슷한 항일투사들이 주목을 받지 못하게 만드는 모순된 정치구조를 손보는 일이 된다. 동시에, 그런 투사들의 빛나는 행적이 세상의 알려지고 존경을 받을 수 있게 만드는 새로운 사회구조를 지향하는 일이 된다.

한국이 공정한 나라로 우뚝 서려면 이 책에 등장하는 항일투사들과 그 동지들이 독립운동의 주류로 평가돼야 한다. 그리고 이들을 주인공 자리에 놓고 근현대사 교과서를 수정해야 한다. 대한민국의 경제 및 복지정책 역시 이들의 뜻을 계승하는 방향으로 수립돼야 한다. 이들은 국민이 진정으로 주인이 되고 땀 흘려 일하는 사람들이 대우받는 세상을 만들고자 일제에 맞서 싸웠다.

이 책의 주인공들과 비슷한 일을 한 독립운동가들은 한둘이 아니다. 지금 당장 대한민국 사회가 할 일은 한국의 독립을 위해 진정으로 헌신한 사람들이 누구인가를 정확히 규명하고 그들의 세계관을 계승하는 방향으로 우리 사회를 아름답게 만드는 것이다.

참고문헌

강찬제, 『이화림 회고록』, 차이나하우스, 2015.

국가보훈처, 『독립유공자공훈록』(전 20권)

국가보훈처, 『독립유공자증언자료집』 제2권, 2002.

국사편찬위원회, 『고종시대사』 제6권, 1972.

국사편찬위원회, 『자료 대한민국사』(전 29권)

국사편찬위원회, 『한민족독립운동사』 제8권, 1987.

김동진, 『파란 눈의 한국 혼 헐버트』, 참좋은친구, 2010.

김영진 외, 『민족정기의 심판』, 한풍출판사, 1949.

김윤희, 『이완용 평전』, 한겨레출판, 2011.

김해양·김호웅, 『김학철 평전』, 실천문학사, 2007.

독립운동사편찬위원회, 『독립운동사』(전 10권)

류대영, 『한 권으로 읽는 한국 기독교의 역사』, 한국기독교역사연구소, 2018.

반민족문제연구소 엮음, 『친일파 99인 1』, 돌베개, 1993.

안영민, 『아버지 안재구』, 내일을여는책, 2025.

안재성, 『박헌영 평전』, 인문서원, 2020.

이균영, 『신간회 연구』, 역사비평사, 1993.

이원보, 『한국노동운동사 100년의 기록』, 한국노동사회연구소, 2013.

이이화, 『이이화의 인물 한국사 4』, 주니어김영사, 2011.

이정은, 『유관순: 3·1운동의 얼』, 역사공간, 2018.

임기상, 『숨어 있는 한국 현대사 2』, 인문서원, 2015.

장준하, 『돌베개』, 돌베개, 2025.

조동걸, 『강원 역사의 다양성』, 역사공간, 2016.

최강욱·김의겸·금태섭·이정렬·김선수,『권력과 검찰』, 창비, 2017.

최덕성,『한국교회 친일파 전통』, 지식산업사, 2006.

친일반민족행위진상규명위원회,『친일반민족행위진상규명보고서』(전 25권), 2009.

호머 베절릴 헐버트,『대한제국 멸망사』, 신복룡 옮김, 집문당, 2019.

홍인근,『이봉창 평전』, 나남출판, 2002.

『류저우 20세기 도록』, 광시인민출판사

『항일녀투사들』, 옌볜인민출판사

『항일련군의 조선족녀전사들』, 옌볜인민출판사

참고자료

『고종실록』『기려수필』『순종실록』『매천야록』『신증동국여지승람』『오하기문』『통감부문서』『홍재일기』

「경향신문」「동아일보」「연합신문」「조선일보」「주간조선」「중앙일보」「한겨레」「현대일보」

『간도 및 조선·만주 접경지방 치안정황 보고 종합』제14권

「조선형사정책자료」

『동학연구』2000년 제6집

『개념과 소통』2019년 제23호

『교육사학연구』2017년 제27집

『노동사회』2000년 제40권

『농업사 연구』2002년 창간호

『동서인문학』2008년 제41집

『만주연구』2009년 제9집

『법사학 연구』2006년 제34호

『사상월보』1943년 제103호

『사학 연구』2008년 제89호

『사회와 역사』1994년 제44권

『역사비평』2016년 제114호

『역사와 경계』 2008년 제68집

『제주도 연구』 2015년 제44집

『제주도연구』 2022년 제58집

『지역과 역사』 2009년 제25호

진실화해위원회, 『2010년 상반기 조사보고서』

『한국개혁신학』 2015년 제46호

『한국근현대사연구』 1995년 제2집

『한국독립운동사연구』 2014년 제47집

『한국민족문화』 2018년 제69호

『한국여성신학』 2023년 제98호

『한국인물사연구』 2008년 제10호

참조 사이트

공훈전자사료관 https://e-gonghun.mpva.go.kr/user/index.do

우리역사넷 https://contents.history.go.kr/front

기독교대한감리회 역사정보자료실 https://his.kmc.or.kr/

중국민족문화자원고 http://www.minwang.com.cn/

한국민족문화대백과사전 https://encykorea.aks.ac.kr/

| 사진 출처 |

16쪽

https://ko.wikipedia.org/wiki/%EC%95%84%
EA%B4%80%ED%8C%8C%EC%B2%9C#/me
dia /%ED%8C%8C%EC%9D%BC:Russian_
legation_to_Korea,_c.1900.jpg

17쪽

https://www.ohmynews.com/NWS_Web/Mo
bile/img_pg.aspx?CNTN_CD=IA000076020
#myModalLabel

19쪽

https://www.ohmynews.com/NWS_Web/Vie
w/img_pg.aspx?CNTN_CD=IA000076019

22쪽

https://ko.wikipedia.org/wiki/%ED%97%A
4%EC%9D%B4%EA%B7%B8_%ED%8A%B9
%EC%82%AC_%EC%82%AC%EA%B1%B4#/
media/%ED%8C%8C%EC%9D%BC:Hague_
Secret_Emissary_Affair.jpg

23쪽

https://ko.wikipedia.org/wiki/%ED%8C%8C
%EC%9D%BC:Emperor_Gojong_of_the_Kore-
an_Empire_by_Percival_Lowell,_1884.png

25쪽

https://ko.wikipedia.org/wiki/%EA%B3%A0
%EC%A2%85_%EC%96%91%EC%9C%84_%
EC%82%AC%EA%B1%B4#/media/%ED%8C
%8C%EC%9D%BC:%EB%8C%80%ED%95%
9C%EB%A7%A4%EC%9D%BC%EC%8B%A0%
EB%B3%B4_1907%EB%85%84_7%EC%9B%94
_19%EC%9D%BC_%ED%98%B8%EC%99%B8.
jpg

28쪽

https://ko.wikipedia.org/wiki/%EA%B9%80%
EA%B0%9C%EB%82%A8#/media/%ED%8C

%8C%EC%9D%BC:Kimgaenam.jpg

30쪽

https://ko.wikipedia.org/wiki/%EB%8F%99%
ED%95%99_%EB%86%8D%EB%AF%BC_%
ED%98%81%EB%AA%85#/media/%ED%8C%
8C%EC%9D%BC:Flag_of_Donghak_Peasant_
Revolution.svg

32쪽

https://ko.wikipedia.org/wiki/%EB%8F%99
%ED%95%99_%EB%86%8D%EB%AF%BC_%
ED%98%81%EB%AA%85#/media/%ED%8C%
8C%EC%9D%BC:Sabal_Tongmun.jpg

33쪽

https://ko.wikipedia.org/wiki/%EB%8F%99
%ED%95%99_%EB%86%8D%EB%AF%BC_%
ED%98%81%EB%AA%85#/media/%ED%8C
%8C%EC%9D%BC:Jeon_Bong-jun.JPG

39쪽

https://fr.wikipedia.org/wiki/Histoire_de_S%
C3%A9oul#/media/Fichier:%EB%8C%80%ED
%95%9C%EB%AC%B8_%EC%95%9E_%EB%A
A%85%EC%84%B1%ED%99%A9%ED%9B%84
_%EA%B5%AD%EC%9E%A5%ED%96%89%EB
%A0%AC-1897.gif

41쪽

https://dimg.donga.com/wps/NEWS/IMAGE
/2020/11/07/103843421.1.edit.jpg

43쪽

https://horizon.kias.re.kr/21985/

47쪽

https://fr.wikipedia.org/wiki/Histoire_de_S%
C3%A9oul#/media/Fichier:1894JoseonSeoul.
jpg

48쪽
https://fr.wikipedia.org/wiki/Histoire_de_S%
C3%A9oul#/media/Fichier:Chongno1905.jpg

51쪽 위
https://ko.wikipedia.org/wiki/%EB%B6%81%
EC%B4%8C_%ED%95%9C%EC%98%A5%EB%
A7%88%EC%9D%84#/media/%ED%8C%8C%
EC%9D%BC:Bukchon.jpg

51쪽 아래
https://fr.wikipedia.org/wiki/Histoire_de_S%
C3%A9oul#/media/Fichier:Hauptstrasse_und_
Palasttor_in_Seoul.jpg

53쪽
https://fr.wikipedia.org/wiki/Histoire_de_S%C
3%A9oul#/media/Fichier:Travelogues;_(1908)_
(65).jpg

56쪽
https://ko.wikipedia.org/wiki/%EA%B2%BD
%EC%9D%B8%EC%84%A0#/media/%ED%8C
%8C%EC%9D%BC:Gyeongin_Ry_passenger_
cars.png

58쪽
https://ko.wikipedia.org/wiki/%EA%B2%B-
D%EB%B6%80%EC%84%A0#/media/%ED%
8C%8C%EC%9D%BC:Groundbreaking_cere-
mony_of_Gyeongbu_Line_at_Busan,_1901.jpg

59쪽
https://ko.wikipedia.org/wiki/%EC%84%9C%
EC%9A%B8%EC%97%AD#/media/%ED%8C%
8C%EC%9D%BC:%EC%84%9C%EC%9A%B8%
EC%97%AD_(1901%EB%85%84).jpg

60쪽
https://ko.wikipedia.org/wiki/%EC%84%9C%
EC%9A%B8%EC%97%AD#/media/%ED%8C%
8C%EC%9D%BC:%EC%84%9C%EC%9A%B8%
EC%97%AD_(1905%EB%85%84).jpg

62쪽
https://contents.history.go.kr/front/km/print.
do?levelId=km_004_0030_0020_0030_0020&
whereStr=

63쪽
https://ko.wikipedia.org/wiki/%EC%84%9C%
EC%9A%B8%EC%97%AD#/media/%ED%8C
%8C%EC%9D%BC:Keijo_Station_under_con-
struction,_1924-10.jpg

69쪽
https://ko.wikipedia.org/wiki/%EC%9D%84%
EC%82%AC%EC%98%A4%EC%A0%81

71쪽
https://sbook.allabout.co.kr/magazine/i815/
sm-39/pt-post/nd-412

77쪽
https://ko.wikipedia.org/wiki/%ED%98%B8%
EB%A8%B8_%ED%97%90%EB%B2%84%ED
%8A%B8#/media/%ED%8C%8C%EC%9D%B-
C:Homer_Bezaleel_Hulbert.jpg

78쪽
https://www.ohmynews.com/NWS_Web/Vie
w/img_pg.aspx?CNTN_CD=IE003374945#:~:-
text=1909%EB%85%84%20%EB%82%B4%ED
%95%9C%20%EA%B0%90%EB%A6%AC%EA
%B5%90%20%EC%84%A0%EA%B5%90%EC
%82%AC%EB%93%A4%EA%B3%BC%20%ED
%95%A8%EA%BB%98%20%ED%95%9C%20
EC%97%98%EB%A8%B8%20%EC%BC%80%
EC%9D%B4%EB%B8%94%20%EC%84%A0%E
A%B5%90%EC%82%AC(%EC%95%9E%EC%A4
%84%20%EA%B0%80%EC%9A%B4%EB%8D
%B0)

80쪽
https://www.ohmynews.com/NWS_Web/Seri
es/series_premium_pg.aspx?CNTN_CD=A000
3078609

85쪽
https://www.worldkorean.net/news/articleVie
w.html?idxno=38736

88쪽
https://www.worldkorean.net/news/articleVie
w.html?idxno=38736

90쪽

https://ko.wikipedia.org/wiki/%EC%A1%B0%
EC%84%A0%EA%B1%B4%EA%B5%AD%EC%
A4%80%EB%B9%84%EC%9C%84%EC%9B%
90%ED%9A%8C#/media/%ED%8C%8C%EC%
9D%BC:Preparatory_Committee_for_Nation-
al_Construction_in_Chemulpo.JPG

97쪽 왼쪽

https://ko.wikipedia.org/wiki/%EC%9D%B4%
EA%B4%80%EC%88%A0#/media/%ED%8C%
8C%EC%9D%BC:%EB%8F%99%EB%8D%95%
EC%97%AC%EA%B3%A0_%EA%B5%90%EC%
82%AC%EC%8B%9C%EC%A0%88_%EC%9D%
B4%EA%B4%80%EC%88%A0.JPG

97쪽 오른쪽

h t t p s : / / k o . w i k i p e d i a . o r g /
wiki/%ED%8C%8C%EC%9D%BC:%EC%9D%
B4%EA%B4%80%EC%88%A0%EC%9D%BC%
EC%A0%9C%EA%B0%90%EC%8B%9C%EB
%8C%80%EC%83%81%EC%9D%B8%EB%
AC%BC%EC%8B%A0%EC%83%81%EC%B9
%B4%EB%93%9C.jpg

102쪽

https://ko.wikipedia.org/wiki/3%C2%B71_%E
C%9A%B4%EB%8F%99#/media/%ED%8C%8
C%EC%9D%BC:(Red_Cross_pamphlet_on_Ma
rch_1st_Movement)_(KADA-shyun15-012~21).
jpg

107쪽

서울역사박물관 https://museum.seoul.go.kr

108쪽

https://ko.wikipedia.org/wiki/%EA%B6%81%
EC%84%B1%EC%9A%94%EB%B0%B0#/me-
dia/%ED%8C%8C%EC%9D%BC:Kyujo-Yohai_
by_Korean_people.JPG

110쪽

https://archive.org/details/annualreportonre-
formsandprogressinchosenkorea191011/page/
n43/mode/2up

116쪽

https://www.vhu.cz/general-radola-gajda-mu

z-spojeny-s-ceskymi-fasisty/

117쪽

https://www.rferl.org/a/the-odyssey-of-the-
czechoslovak-legions-through-siberia-to-in-
dependence/29759515.html

118쪽

https://ko.wikipedia.org/wiki/%EC%B2%B4%
EC%BD%94%EC%8A%AC%EB%A1%9C%EB%
B0%94%ED%82%A4%EC%95%84_%EA%B5%
B0%EB%8B%A8#/media/%ED%8C%8C%EC%
9D%BC:Czech_Troops.jpg

122쪽

https://contents.history.go.kr/eh_kk/teach/not
ebook/data/62_d09.htm

145쪽

https://ko.wikipedia.org/wiki/%ED%8C%8C%
EC%9D%BC:Gold_mine_in_Unsan,_Korea,_
1900-1945.jpg

153쪽

https://ko.wikipedia.org/wiki/%EC%9B%90%
EC%82%B0_%EC%B4%9D%ED%8C%8C%EC
%97%85#/media/%ED%8C%8C%EC%9D%B-
C:The_Chosun_Ilbo,_1_Feburary_1929,_p.2,_
Wonsan_Strike_(cropped_1).png

154쪽

https://www.i815.or.kr/upload/kr/magazine/
magazine/74/post-792.html

156쪽

https://ko.wikipedia.org/wiki/%EC%9B%90%
EC%82%B0_%EC%B4%9D%ED%8C%8C%EC
%97%85#/media/%ED%8C%8C%EC%9D%B-
C:The_Chosun_Ilbo,_4_Feburary_1929,_p.2,_
Wonsan_Strike.png

160쪽

https://upload.wikimedia.org/wikipedia/com
mons/9/93/Red_Cross_pamphlet_on_March_
1st_Movement_%28KADA-shyun15-012~10%
29.jpg

161쪽

https://ko.wikipedia.org/wiki/%ED%8C%8C%
EC%9D%BC:(Red_Cross_pamphlet_on_March
_1st_Movement)_(KADA-shyun15-012~14).
jpg#/media/%ED%8C%8C%EC%9D%BC:(Red_
Cross_pamphlet_on_March_1st_Movement)_
(KADA-shyun15-012~11).jpg

162쪽

https://ko.wikipedia.org/wiki/5%C2%B74_%E
C%9A%B4%EB%8F%99#/media/%ED%8C%8C
%EC%9D%BC:Chinese_protestors_march_aga
inst_the_Treaty_of_Versailles_(May_4,_1919).
jpg

164쪽

https://ko.wikipedia.org/wiki/%EB%A7%8C%
EC%A3%BC%EC%82%AC%EB%B3%80#/med
ia/%ED%8C%8C%EC%9D%BC:Mukden_1931_
japan_shenyang.jpg

169쪽

https://www.ohmynews.com/NWS_Web/Serie
s/series_premium_pg.aspx?CNTN_CD=A0003
052064

171쪽 왼쪽

https://ko.wikipedia.org/wiki/%EC%9D%B4%
EB%B4%89%EC%B0%BD#/media/%ED%8C%
8C%EC%9D%BC:%ED%83%9C%EA%B7%B9%
EA%B8%B0_%EC%95%9E%EC%97%90_%EC%
84%A0_%EC%9D%B4%EB%B4%89%EC%B0%
BD.jpg

171쪽 오른쪽

https://ko.wikipedia.org/wiki/%EC%9C%A4%
EB%B4%89%EA%B8%B8#/media/%ED%8C%
8C%EC%9D%BC:%EC%82%AC%EC%A7%841
(%EC%9C%A4%EB%B4%89%EA%B8%B8_%E
C%84%A0%EC%84%9C%EC%9E%A5%EB%A9
%B4).jpg

173쪽

https://ko.wikipedia.org/wiki/%EA%B9%80%
EA%B5%AC#/media/%ED%8C%8C%EC%9D%
BC:Kim_Gu_1930.jpg

179쪽

https://www.ohmynews.com/NWS_Web/Serie
s/series_premium_pg.aspx?CNTN_CD=A0003
003519

187쪽

https://ko.wikipedia.org/wiki/%EA%B2%BD%
EC%84%B1%EC%82%AC%EB%B2%94%ED%
95%99%EA%B5%90#/media/%ED%8C%8C%
EC%9D%BC:Keijonormalschool.jpg

194쪽

https://www.ohmynews.com/NWS_Web/View
/img_pg.aspx?CNTN_CD=IE003410131

195쪽

https://ko.wikipedia.org/wiki/%EC%A1%B0%
EC%84%A0%EC%8B%A0%EA%B6%81#/me-
dia/%ED%8C%8C%EC%9D%BC:Chosen-Jin-
gu-front-view.jpg

197쪽

https://ko.wikipedia.org/wiki/%ED%8C%8C%
EC%9D%BC:%ED%8F%89%EC%96%91%EC
%8B%A0%EC%82%AC%EC%B0%B8%EB%B
0%B0%ED%95%98%EB%8A%94_%EC%9E%
A5%EB%A1%9C%ED%9A%8C%EB%8C%80
%ED%91%9C%EB%8B%A8_%2819380912_%-
EC%A1%B0%EC%84%A0%EC%9D%B-
C%EB%B3%B4%29.jpg

202쪽

https://commons.wikimedia.org/wiki/File:Port
rait_of_Heo_Seong-suk_%28%ED%97%88%E
C%84%B1%EC%88%99%29.jpg

206쪽

https://upload.wikimedia.org/wikipedia/com
mons/3/3e/Japanese_soldiers_cross_Khalkhy
n_Gol_river_1939.jpg

212쪽

https://www.nocutnews.co.kr/news/4061924

229쪽

https://ko.wikipedia.org/wiki/%EB%8C%80%
ED%95%9C%EB%AF%BC%EA%B5%AD_%EC
%A0%95%EB%B6%80_%EC%88%98%EB%A

6%BD#/media/%ED%8C%8C%EC%9D%BC:-
South_Korean_general_election_1948.JPG

231쪽
https://ko.wikipedia.org/wiki/%EC%A0%9C%
ED%97%8C%EC%A0%88_(%EB%8C%80%ED
%95%9C%EB%AF%BC%EA%B5%AD)#/medi
a/%ED%8C%8C%EC%9D%BC:First_congress_
of_Republic_of_Korea_opening.jpg

233쪽
https://ko.wikipedia.org/wiki/%EB%B0%98%
EB%AF%BC%EC%A1%B1%ED%96%89%EC%9
C%84%ED%8A%B9%EB%B3%84%EC%A1%B0
%EC%82%AC%EC%9C%84%EC%9B%90%ED
%9A%8C#/media/%ED%8C%8C%EC%9D%B-
C:%EB%B0%98%EB%AF%BC%ED%8A%B9%E
C%9C%84_%ED%88%AC%EC%84%9C%ED%9
5%A8.jpg

236쪽
https://ko.wikipedia.org/wiki/%EB%B0%98%
EB%AF%BC%EC%A1%B1%ED%96%89%EC%9
C%84%ED%8A%B9%EB%B3%84%EC%A1%B0
%EC%82%AC%EC%9C%84%EC%9B%90%ED
%9A%8C#/media/%ED%8C%8C%EC%9D%B-
C:%EB%B0%98%EB%AF%BC%ED%8A%B9%
EC%9C%84.jpg

237쪽
https://ko.wikipedia.org/wiki/%ED%95%9C%
EA%B5%AD%EC%9D%98_%EB%8F%85%EB%
A6%BD%EC%9A%B4%EB%8F%99#/media/%
ED%8C%8C%EC%9D%BC:%EC%8B%A0%EA
%B0%84%ED%9A%8C_%EC%B0%BD%EB%
A6%BD.jpg

238쪽
https://ko.wikipedia.org/wiki/%EA%B9%80%
EB%AA%85%EB%8F%99#/media/%ED%8C%
8C%EC%9D%BC:%EA%B9%80%EB%AA%85
%EB%8F%99%EC%A0%9C1-2%EB%8C%80%
EA%B5%AD%ED%9A%8C%EC%9D%98%EC%
9B%90.jpg

243쪽
https://v.daum.net/v/fnlXwBqkm7?f=p

247쪽
https://www.ohmynews.com/NWS_Web/Seri
es/series_premium_pg.aspx?CNTN_CD=A000
3021101

253쪽 왼쪽
https://ko.wikipedia.org/wiki/%EA%B9%80%
EB%B3%91%EB%A1%9C#/media/%ED%8C%
8C%EC%9D%BC:Kimbyungro_portrait.jpg

253쪽 오른쪽
https://ko.wikipedia.org/wiki/%ED%9B%84%
EC%84%B8_%EB%8B%A4%EC%93%B0%EC
%A7%80#/media/%ED%8C%8C%EC%9D%B-
C:Tatsuji_Fuse.JPG

255쪽
https://ko.wikipedia.org/wiki/%EB%85%B8%
EB%8D%95%EC%88%A0#/media/%ED%8C%
8C%EC%9D%BC:%EB%85%B8%EB%8D%95%
EC%88%A0.JPG

아무도 몰랐던 독립운동 이야기

지은이_ 김종성
펴낸이_ 양명기
펴낸곳_ 도서출판 **북피움**

초판 1쇄 발행_ 2026년 4월 11일

등록_ 2020년 12월 21일 (제2020-000251호)
주소_ 경기도 고양시 덕양구 충장로 118-30 (219동 1405호)
전화_ 02-722-8667
팩스_ 0504-209-7168
이메일_ bookpium@daum.net

ISBN   979-11-994320-5-5 (03910)

- 잘못 만들어진 책은 바꾸어 드립니다.
- 값은 뒤표지에 있습니다.